ORGANIZATION
DEVELOPMENT DECODING

解码OD

组织成长的底层逻辑与创新实践

张小峰 吴婷婷 著

中国人民大学出版社
·北京·

拨开迷雾，走出 OD 认知误区

2015 年开始，OD（organization development，组织发展）成为一个非常热门的关键词，企业中兴起了搭建 OD 体系的潮流。华为、阿里巴巴、京东、腾讯等巨头公司在发展过程中不断推进 OD 实践，从战略规划、澄清与落地执行，到组织模式优化、人才队伍梳理、文化落地重塑与再造，以面对新时代层出不穷的挑战。

华为在发展过程中一直在践行"持续变革，持续提升"的 OD 理念，围绕战略不断调配组织。其具体的 OD 变革方法论即为 BLM 模型。高管层每年都会亲自领导 BLM 模型的战略设计与战略执行。在战略设计环节，从市场洞察、战略意图、创新焦点到业务设计，对战略目标、战略澄清、战略路径明确界定。战略执行阶段则包括关键任务、正式组织、人才、氛围与文化。

阿里巴巴的 OD 广为人知，诸如"诊断神器六个盒子""干部培养神器三板斧""团队协同神器晒 KPI"等都是其 OD 工具。陈祖鑫系统整理后指出，阿里巴巴的 OD 为"五项修炼"与"独孤九剑"。五项修炼指的是提神醒脑（确保方向一致）、健身增肌（追求持续发展）、通畅经络（保障高效有序）、修炼心法（实现文化落地）、望闻问切（系统思考问题），独孤九剑则指的是创新、激情、开放、教学相长、简易、群策群力、专注、质量、服务与尊重。

京东 OD 的核心是 OTC 价值主张。其中，大 OD 就是京东整个企业的组织发展状况，是按照 OTC 价值驱动模型来解析的。组织层面，京东提出了客户导向的网络型、价值契约的钻石型、竹林共生的生态型组织模式，同时也探索了平台化组织的转型。人才层面，京东提出 T 型理论人才结构。文化层面，提倡价值导向的钻石型组织。除了大 OD，京东也有小 OD 方法论，即组织发展 3E 分析模型 + 组织诊断 2D 法。

腾讯 OD 的核心则聚焦"管体系、管人、管组织"。管体系是让体系更敏捷有效，推进组织设计个性化和新技术代替旧管理等。管人即关注 TOP 5% 核心人才，推动人才快速流动，让人才脱颖而出。管组织即围绕核心人才重新配置组织，让组织更柔性、更透明。

我对 OD 这个词并不陌生。2010 年，我和导师彭剑锋教授交流时，提出未来人力资源管理的两条主线：组织发展（OD）和人才发展（TD），OD 和 TD 后来成为行业两大热词。

OD 这一领域其实早在 20 世纪 60 年代就有学者进行研究，关注的问题包括：建立高效组织的方法；掌握变革的技能；组织文化的重要性；建立成功组织的过程；团队建设和团队合作的重要性；评估和诊断的必要性；等等。这些也是当今研究的重点。

当然，以上是理论层面的研究，企业实践中应该如何做，关注哪些点？虽然 OD 很热，相关的文章和著作很多，但是好像都没有讲清楚讲透彻，为何？因为大家陷入了关于 OD 的认知误区。

我们从实践中总结了一些观点，分享给大家，希望大家能够走出 OD 的认知误区。

误区 1：过分关注 O，不够关注 D

OD 即组织发展，是指将行为科学知识广泛应用在根据计划发展、改进和加强那些提升组织有效性的战略、结构和过程上。没有一定的组织和管理理论基础，这个定义根本看不懂。

简言之，关注组织发展，就是要研究怎样让企业发展得更好（为了便于大家理解，后文提到的组织是小组织的概念，大组织的概念一律用企业替代）。凡是能够促进企业更好发展的事情，都应纳入 OD 的范畴。

然而，多数人对于 OD 的理解仍然停留在组织结构的发展上，过分关注 O，不够关注 D。有人认为：科层制组织不能有效激发员工活力；事业部结构能够激发经营人员活力；流程性组织是以客户需求为起点的矩阵式组织模式；平台型组织能够更有效地激发人才，激活业务，释放组织潜能。殊不知，组织结构只是一种手段，是为了承载企业发展而不断适配环境、业务和人才队伍的载体，脱离了企业发展的目标，组织结构的发展毫无价值、没有意义，就像"大姑娘坐炕绣花鞋——自娱自乐"。

各位读者朋友，关注 OD，一定要从关注企业发展出发，不要再沉浸在自己的组织方法论中不能自拔。如果老板现在焦虑的是危机期生存问题，你是去跟老板谈"平台型组织是大势所趋，要变革和发展，就要向平台型组织进化"，还是跟老板谈"环境变了，既定战略要调整，我们把亏损业务砍了吧"？你看看老板关心哪个话题。

误区 2：过分关注 OD，不够关注 TD

从梅奥的霍桑试验开始，个体就从"经济人"变成"社会人"。个体在企业中的精神状态（开不开心，有没有被尊重，有没有归属感，等等）能够直接影响其在企业中的绩效产出。

2016 年，张瑞敏在《张瑞敏：自以为非》一书中提出"人是目的，而不是手段，企业即人，管理即借力"，颠覆了业界对于组织和人之间关系的认知。

经营企业就是经营客户，经营人才也是为了经营客户，所以，人才和客户在企业发展的过程中没有先后次序，应是相辅相成的关系。

OD 作为研究企业发展的关键职能，如果只关注企业的诉求，而忽视了人才的诉求，其效果会大打折扣。

这个观点难免会让人心生疑惑，OD 和 TD 到底是什么关系？应该如何协调两者之间的职能呢？在我们看来，OD 应是企业级的职能架构，TD 应为人力资源模块下的职能架构，所以，OD 要牵引 TD，为 TD 指明前进的方向，TD 则将 OD 的指导原则落地。

你在 OD 实践中是否关注过人才的诉求？抑或只是把人才当作工具？

不关注 TD，是很多 OD 从业者的误区。

误区 3：过分关注 OD 职位，不够关注 OD 职能

大家如果能走出前面两个误区，就不难发现，目前多数人太关注 OD 职位了。老板动不动就讲，你去给我找一个 OD 过来，薪酬高一点也没关系。看到 OD 一职动辄百万年薪，员工也动了转型的心思。我们来看看市场上 OD 职位的招聘，专员、主管、经理、总监，各层级都有。

下面以组织发展专员岗位为例，看看其职责：

● 在深刻理解企业战略目标的前提下，参与推动专业序列职级体系框架的建立、执行和维护；

● 从组织角度联动人岗匹配、人才发展、激励、保留等多个环节，推动组织能力提升；

● 基于战略、组织、业务需求，参与公司某业务板块的组织诊断、组织设计、优化和执行跟进；

● 对接专业序列中心与其他部门的需求，沟通协调相关资源并推动执行；

● 按时保质保量地完成上级安排的其他工作。

试问一下，看似简单的工作要求，有几位人力资源总监能做到（尤其是年收入在 100 万元以下者）？我们在谈 OD 的时候，真的是在谈论一个职位么？

OD 更多的是一种企业职能，而不是一个内设岗位，如果你不能走出这个误区，要成功做好 OD 简直就是天方夜谭。

误区 4：过分强调 OD 是人力资源部的事，不够关注 OD 是组织系统能力提升

因为误解 OD 就是组织结构发展，而组织结构又是人力资源部的职责，所以多数企业误以为 OD 是人力资源部的内设职能，在人力资源部设立 OD 总监，组建 OD 团队。

当我们把视角从 OD 转移到企业整个经营管理系统时，才会真正理解 OD 的内涵。OD 是从战略、业务、组织、机制、文化、人才、流程，甚至技术和财务等企业发展的多个方面入手的。除了组织、机制、人才是人力资源部分内职责外，其他方面涵盖企业发展的各个管理系统，超出了人力资源部的能力范畴。要想真正做好 OD，可以读一读德鲁克的《管理的实践》，其中提到企业管理的八大方面，是每一位 OD 应掌握的基本常识。

老板不要总想着以高薪找个成熟的 OD，人力资源部也不要认为 OD 是部门能做好的事情，真正的 OD 是独立的甚至引领人力资源管理的企业职能。

误区 5：过分关注别人的成功经验，不够关注自身特色

因为 OD 是热词，实践 OD 的互联网巨头又处于聚光灯下，越来越多的人开始嘀咕，OD 这个概念好像不错，于是跟风一波，急火火地设置 OD 总监、OD 经理，甚至 OD 专员。

有人很关注 OD 在阿里是怎么做的，在华为是怎么做的，动辄便"六个盒子跑一遍，BLM 跑一遍"。然而，别人成功的经验，抄作业就能学会么？

OD 作为一种职能，在不同的场景下应有不同的表现方式。举个例子，同样是做薪酬和绩效管理，华为的导向和做法与阿里的一样么？阿里的导向和做法与腾讯的一样么？"不同土壤种不同的种子，开不同的花，结不同的果"，如此简单的道理，我们在生活中都能想明白，为什么在 OD 这个领域会执迷不悟呢？

学习最优实践是必要的，但是不能拿过来生搬硬套，有适合自己企业的 OD 方法论，才是解决问题的必由之路。

误区 6：过分关注目的和结果，不够关注投入和过程

OD 以企业持续健康发展为目的，OD 职能的有效履行必然能实现企业持续有效发展。正因为此，管理者都极力推动企业内部 OD 职能的发育和落地。

作为老板，可以只关心 OD 的目的和结果，作为管理者或者 OD 从业者，只关心 OD 实现的目的，只盯着组织效能的几个关键指标，能行吗？

如果从业者不懂得企业经营的投入要素和资源禀赋是如何在内部运行实现价值增值的，不懂得人流、业务流、资金流、物流、信息流在企业发展中的基本逻辑，不懂得战略、组织、机制、文化、人才之间的化学反应是如何产生的，那么对于如何实现 OD 的目的和结果也会不得其法。

从业者只有投入正确的资源要素，确保过程中有效运行，才能真正实现好的发展和产出。

误区 7：过分关注知识和技能，不够关注经验与能力

OD 火了之后，咨询顾问变得特别抢手，互联网公司认为他们知道如何做组织诊断，也知道如何优化组织结构，知识和技能是

其他行业的人没办法比的，所以点名要从咨询公司招一些高手。

很可惜，这个思路是错的。OD 不是一个职位，不是靠操作性的知识和技能就能够有效履责的。OD 作为一种职能，对从业者的经验和能力要求是极高的。

试问，一个人没有互联网从业经验，也不熟悉运营过程，如何判断企业发展的问题和机会点在哪里？即使有多年的互联网从业经验，但若对组织运行、组织发展与变革等不了解，如何更好地推进OD？就算经验和知识都够，若没有资源整合能力，没有说服高层的能力，没有协调冲突和矛盾的能力，如何在 OD 推动过程中应对难题？

所以，看人一定不要只看表象，要多看看内核，考察经验、能力、素质乃至价值观和动机，发现真正顶级的 OD 人才。

误区 8：过分关注已知的，不够关注未知的

这是从业者中普遍存在的误区。我和几位 OD 总监聊天，个个都大谈特谈自己过去怎么做，自己认为怎么样。然而，OD 是一个静态的过程吗？OD 本身就是一个动态迭代、不断提升的企业职能，作为从业者，不应更新知识体系，优化能力结构吗？要避免只关注已知的知识、理念和做法。

误区 9：过分关注被动应对，不够关注主动干预

钱德勒"战略决定组织"的观点被许多人熟知且认同，但是大家忘了还有一句"结构影响战略"。从这个角度来看，OD 不应

该只关注环境、客户、技术、业务发生变化后，如何调整企业的运行方式来有效应对，更应该从被动应对转向主动干预。

两者有何区别？被动应对，是企业出现问题以后倒逼组织能力提升，是以问题为导向的，虽然可以有效解决问题，但是之后还会出现新的问题。OD疲于应对问题，导致无暇考虑其他。

主动干预，是在企业出现问题之前提前预判，找到机会点，补上问题点，以目标导向牵引企业成长和发展，以问题导向弥补组织能力不足，螺旋式上升。即使短期有退步，从中长期来看是不断迭代式上升的过程，这才是OD想要的结果。

误区10：以为OD可以解决一切问题

企业家和管理者内心深处总是隐藏着一股子惰性，以为靠一种方式、一套工具、一个手段就能让企业持续发展，焕发新的生机。这种毕其功于一役的想法是极其危险的。没有什么事情不经系统思考就能稳步完成，OD也一样。

如何看待OD？华为任正非提出的变革"七反对"，也许有助于大家真正理解和推动OD。

1. 坚决反对完美主义；

2. 坚决反对烦琐哲学；

3. 坚决反对盲目的创新；

4. 坚决反对没有全局效益提升的局部优化；

5. 坚决反对没有全局观的干部主导变革；

6. 坚决反对没有业务实践经验的人参加变革；

7. 坚决反对没有充分论证的流程进行实用。

这七个反对，道出了 OD 成功的真谛。

上述十个误区，希望能引导大家深入思考，真正了解什么是 OD，如何做好 OD。

结合多年的咨询实战经验，我们提出了 OD 系统铁三角、OD 系统五角变革等方法论。OD 系统铁三角，关注诊断、变革及效能评价；OD 系统五角变革，关注战略、组织、机制、文化、人才等方面的整体变革、系统升级。

我们认为 OD 是组织的一项关键职能，是统领战略、业务、架构、机制、文化、人才、流程等企业经营管理各方面的系统工程。OD 是企业持续发展进步、迭代优化的过程，不应为了某个效能指标而去推动。

OD 要关注整体，而不是局部；OD 要关注组织和个体，而不只关注组织；OD 是变革，但不仅限于变革。越研究 OD，就会发现学问越深，对企业实践的价值越大。

本书是我们结合理论和实践经验对 OD 的系统解读，通过梳理 OD 理念、OD 实践过程以及案例分析，建构了 OD 的整体模式，希望能够帮助读者加深对 OD 的理解，让越来越多的人认知 OD，了解 OD，实践 OD。

张小峰　吴婷婷

第一篇 OD 理念篇

第 1 章
OD 是一把手工程 / 003

一、OD 需要高层牵头来推动 / 004
二、OD 是一个系统工程 / 005

第 2 章
OD 关注的系统五角 / 010

第 3 章
OD 十角色论 / 013

角色 1：布道者 / 013
角色 2：企业医生 / 014
角色 3：首席架构师 / 015
角色 4：变革推动者 / 016
角色 5：资源整合者 / 018

角色 6：高管教练　/　019

角色 7：关系黏合剂　/　020

角色 8：组织领域专家　/　021

角色 9：鼓手　/　022

角色 10：企业场景师　/　023

第 4 章
OD 系统铁三角：诊断—变革—效能评价　/　024

一、OD 系统铁三角　/　025

二、诊断是 OD 的起点　/　026

三、变革是 OD 的过程　/　028

四、效能是 OD 的标准　/　032

第 5 章
OD 与 ODer　/　035

一、ODer 的职责　/　035

二、ODer 的能力要求　/　041

第 6 章
OD 与 HRM 的相爱相杀　/　044

一、OD 与 HRM 的区别　/　044

二、OD 的矩阵式运作模式 / 046

三、如何开展项目制管理 / 048

四、如何评价 ODer 的工作成果 / 051

第二篇 OD 实践篇

第 7 章

组织诊断工具：麦肯锡 7S / 057

第 8 章

组织诊断工具：ETA 问卷 / 068

第 9 章

组织诊断工具：盖洛普 Q12 / 078

第 10 章

组织诊断工具：华夏基石金字塔模型 / 086

一、战略空间：大市场孕育大机会 / 087

二、竞争要素：梦想不等于能力 / 088

三、价值主张：沿客户需求不断聚合价值 / 089

四、实现路径：战略目标实现靠能力 / 091

五、竞争基础：商业模式选择决定上层建筑　/　093

第 11 章

OD 诊断方法：组织诊断五部曲　/　095

一、诊断思维：透过现象看本质　/　095

二、诊断五部曲之一：个性建模　/　096

三、诊断五部曲之二：优选方法　/　100

四、诊断五部曲之三：过程把控　/　105

五、诊断五部曲之四：形成报告　/　106

六、诊断五部曲之五：改进方案　/　107

第 12 章

OD 起手式：战略澄清与解码　/　109

一、战略洞察：五看三定找机会　/　110

二、战略规划：多模式多目标多备选　/　113

三、战略澄清：断舍离，成共识　/　116

四、战略解码：找路径，定任务，明分工　/　117

五、战略资源：兵马未动粮草先行　/　128

六、战略运营：功夫在日常　/　129

第 13 章

OD 架构：分工协同与进化 / 132

一、结构调整：分工协同平台化 / 132

二、流程优化：流程化组织，数字化驱动 / 150

三、责权体系：沿流程与业务授权 / 156

第 14 章

OD 文化管理：价值信仰落地 / 164

一、文化常识：什么是文化 / 164

二、文化理念：规划的规划 / 165

三、文化管理：四位一体建机制 / 171

四、文化落地：场景感持续造场 / 180

第 15 章

OD 机制：打造企业命运共同体 / 184

一、赛相结合的选拔机制 / 185

二、契约化的任用机制 / 188

三、以赛代练、训战结合的培养机制 / 192

四、结果导向的评价机制 / 195

五、共创共担共享的激励机制 / 197

六、持续激活的竞争机制 / 199

第 16 章

OD 人才：人才管理三条主线与人才规划 / 203

一、人才规划七步法 / 204

二、人才供应链：源源不断打造人才梯队 / 211

三、人才发展链：人才组织同发展 / 216

四、人才服务链："人才客户化"服务体系建设 / 222

第 17 章

OD 效能评价：衡量与提升组织效能 / 225

一、构建组织效能评估体系 / 226

二、组织效能评估五步法 / 235

第三篇 OD 案例篇

第 18 章

华为 OD：从战略到执行 / 241

一、组织历程：围绕战略不断调配组织 / 242

二、文化历程：以客户为中心不动摇 / 246

三、激励方式变革：坚持以奋斗者为本 / 250

四、OD 方法论：BLM 模型 / 251

第 19 章

阿里巴巴 OD：五项修炼与独孤九剑 / 261

一、战略飞轮：五环构建"规模企业" / 262

二、组织载体：搭建内外赋能平台 / 264

三、企业文化：六脉神剑寻"同道人" / 267

四、人才管理：干部培养"三板斧" / 274

五、机制建设：合伙人与职级体系 / 277

第 20 章

京东 OD：OTC 价值主张 / 281

一、商业基础："刘三角"与"十节甘蔗" / 281

二、组织优化：持续关注客户、价值与生态 / 284

三、文化变革：强化拼搏与感恩 / 289

四、人才：关注干部和管培生 / 292

五、机制：AB 股加强控制权 / 297

六、大 OD：组织、人才和文化 / 299

第 21 章

腾讯 OD：管体系、管人、管组织　/　302

一、业务发展：成就社交品牌　/　302

二、组织变革：四次调整打造赋能平台　/　304

三、文化：不断变革，科技向善　/　312

四、人才：让人才脱颖而出　/　315

五、机制：给员工更多发展空间　/　319

第一篇

OD 理念篇

第 1 章

OD 是一把手工程

阿里前组织发展专家张丽俊在一次公开演讲中提到，"你们知道，在 HR 领域，哪个部门的人是最贵的？就是组织发展部的老大，因为他要把各层管理者的能力提升起来，往前走，全中国不超过十个人。"

对她的观点，我们只认同一半。认同的是，能够把 OD 做好的，全中国不超过十个人，都是些如雷贯耳的名字，如陈春花、曾鸣、廖建文、杨国安等。不认同的是，OD 的误区之一就是被当作是 HR 的职能。

OD 在企业里应该是一把手工程，由一把手授权，高管牵头，ODer 发起的系统化推进企业发展的工程。腾讯官网对于杨国安的职责介绍就很好地体现了 OD 的作用及地位：协助公司进行人力资源体系建设、高管领导力提升、组织创新变革和战略伙伴的组织能力打造。

一、OD 需要高层牵头来推动

作为企业发展中的系统变革，OD 需要高管牵头，整合内外部资源，才能有效落地。

杨国安在腾讯的职位是高级管理顾问，是腾讯最高管理机构总办成员之一。在过去十多年中，他一直默默担任腾讯管理层"教练"的角色。2008 年受马化腾邀请加入公司后，他每隔几年就会推动一次自上而下的架构调整，寻求组织变革。

2018 年 9 月 30 日，杨国安在香港主持召开了腾讯诊断会。当时，腾讯员工总数突破 5 万，业务触角和投资布局遍及互联网主流领域，市值进入全球十大科技公司行列，俨然成为科技巨头。

但是同时，腾讯患上了大企业病，内部浮现山头主义、部门墙、组织墙；现金流储备丰富，员工形成了"富二代"心态，花钱大手大脚；快速敏捷的小团队作战，带来过不少成功产品，也带来了重复"造轮子"的资源浪费问题。

变革前夜，为了让高管直面问题，杨国安组织大家不断交流，梳理问题。为了激励各位参会者踊跃发言，他准备了一枝小花在圆桌上传递，接到花的人被要求以 CEO 的视角诊断腾讯，供腾讯的管理层对外部环境做出判断：市场在哪里，赛道在哪里，组织如何调整。在内部达成共识后，开小会、开大会，营造氛围，形成方案，跟进协调，落地生根。

除了赛道、架构和人员调整，狠抓管理内功也很重要，于是腾讯成立 PMO（project management office，项目管理办公室），推进各项管理和文化的升级与深化。

变革大盘稳定后，杨国安开始从内部抽身，青藤大学成为他的新重心。作为"内部的局外人"，他在腾讯期间主要负责三件事：集团事务，包括腾讯的变革、转型以及高管培养；战略伙伴的增值服务，分管管理咨询部；生态企业家的培育，出任青藤大学教务长。

从腾讯的 OD 历程不难发现，OD 是一把手工程，需要马化腾授权，高管参与推动实施。同时从组织结构设计、高管培养、文化发展及人才培养等杨国安的关键职责上也可以看出，OD 不只是对组织结构的优化，更多的是从系统的角度思考如何更好地推动企业发展。

二、OD 是一个系统工程

OD 虽然是高管牵头发起的，但是有助于整个系统而不是一个董事长、一个 CEO 或者一个高管。系统思维本质上意味着从大局来看待决策和变化，还要考虑所涉及的许多相互作用和相互依存关系，作出决定和发生变化所产生的影响，预期的和意想不到的后果。高管层没有系统观点时，有可能做出有意义的决策并推进变革，但有时候相对解决问题而言，会带来更糟糕的深层问题或是体验到从未预料到的后果。

OD 系统要从对象和过程两个视角来解读。

OD 的应用对象是一个系统，即 OD 在推进过程中，不能只考虑组织方面的问题，更应从战略、业务、组织、文化、人才、机制等方面进行系统思考。

OD 的开展过程也是一个系统，OD 进程不是一蹴而就的，在实践中，OD 是一个数据收集、诊断、行动规划、干预和评价的系统过程，通过系统的变革手段，致力于增强组织结构、进程、战略、人员和文化之间的一致性。OD 是组织变革的手段，也是组织变革的目的。OD 是一个诊断 - 改进周期，是对企业进行"多层诊断、全面配方、行动干预、监控评价"的动态渐进的过程。

OD 是一个系统工程，在推进过程中要保持中立的态度，站在系统外，由外看内，更加全面。

不同的学者对于 OD 的认知有所差异，看待系统的角度也有所差异。有人认为，OD 关注企业文化和战略愿景、组织结构和战略定位、组织体系与流程的重新设计、岗位和活动等模块。有人基于海尔和 IBM 的组织发展历程，将 OD 的系统架构定义为组织模式、观念、制度、情境、人性，如表 1 - 1 所示。

表 1 - 1 海尔和 IBM 的 OD 架构的比较

	海尔	IBM
模式	人单合一	整体解决方案
观念	以用户为中心	赢单、团队、执行
制度	二维点阵、战略损益表	魔鬼训练、个人业绩承诺
情境	互联网时代情境	网络计算时代情境
人性	创客	员工合作性

　　不同地域的 OD 模式也有差异，美国的 OD 模式主要参照通用电气多年变革积累的组织发展经验，包括战略、组织、流程、技术、人员、文化等维度。英国则从国有企业私有化的过程中，总结出 OD 主要为体制、制度变迁和管理模式的改变。日本式 OD 则着眼于全面经营革新，建立在日本独特文化的基础上，偏向于流程及文化的改造与体制的重建。

　　卡斯特（Kast）在其开放系统模型中，从输入、过程、输出三个维度，将 OD 的关注点明确为使命、愿景、战略规划、组织目标、组织结构、体制、制度、流程、组织文化、组织效能等，值得借鉴。

　　从以上内容来看，OD 主要侧重于两类事务：一类是企业中的"事"，包括战略、流程、结构、文化等；一类是企业中的"人"，即认知、活力和行为等。

　　由此，我们不难看出，OD 确实是一个系统变革的过程，可能从某个点入手，但最后一定是"牵一发而动全身"的系统工程。

　　1997 年，华为在起草《华为基本法》时去美国和欧洲访问当时的世界 500 强，任正非带队花了一天时间在 IBM 学习从产品预研到项目管理、从生产流程到项目寿命终结的投资评审等关键流程。之后，华为启动了为期 5 年的管理变革项目，IBM 顾问总结了对华为管理问题的诊断：

　　●缺乏准确、前瞻的客户需求关注，反复做无用功，浪费资源，造成高成本。

● 没有跨部门的结构化流程，各部门都有自己的流程，但部门流程之间是靠人工衔接，运作过程割裂。

● 组织上存在本位主义，部门墙高耸，各自为政，造成内耗。

● 专业技能不足，作业不规范。

● 依赖个人英雄，而这些英雄难以复制。

● 项目计划无效且实施混乱，无变更控制，版本泛滥。

…………

顾问们列举的问题十分尖锐，直接触及任正非的痛处，于是他让秘书打电话把公司其他副总裁和总监级干部全部叫到会场。上百名高层干部陆续到场，席地而坐，听取 IBM 的汇报。

虽然成本不低，但改革确实让华为感受到了价值。IPD（集成产品开发）落地后，加快了产品开发速度，缩短了产品上市时间，减少了产品开发的投资失败，从而减少了浪费，降低了产品开发成本，给客户提供的产品价廉物美。

随后华为开始管理变革，最终形成了基于流程的整体组织运行方式，如图 1-1 所示。

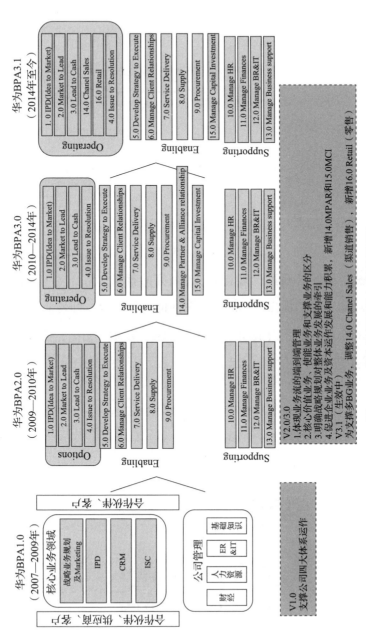

图 1 - 1　华为组织运行方式演变历程

第 2 章

OD 关注的系统五角

基于最优管理实践和组织理论研究的背景，结合多年的咨询实战经验，我们提出了 OD 需要关注的系统五角，即使命愿景牵引下的企业发展系统五角：战略、组织、人才、文化、机制，如图 2-1 所示。

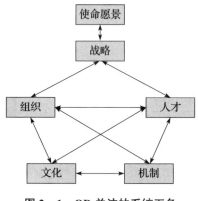

图 2-1　OD 关注的系统五角

使命愿景决定了企业发展的方向，也决定了企业采取什么样的方式方法发展，所以我们认为 OD 的出发点是使命愿景。阿里巴巴的使命是让天下没有难做的生意，所以阿里巴巴聚焦 B2B，淘宝聚焦 C2C，天猫聚焦 B2C，支付宝致力于提升信任水平，降低交易成本。

使命愿景决定了企业的发展方式和业务选择，直接影响企业的战略。战略维度需要关注战略目标、实现能力、业务模式、战略路径等方面。

战略决定组织和人才需求。关于组织，要思考组织结构、流程、责权关系、协作机制等方面。关于人才，则要从人才的数量、质量、结构和核心人才队伍出发，思考如何依靠人才发展推动企业发展。

文化包括价值观、行为规范、企业人设、荣誉体系、案例集等多方面的文化管理工作，通过组织氛围的激活，有效提升员工活力和组织价值创造能力。

机制即激励、评价、发展、退出机制，是围绕人才队伍的激励激活的机制。

2019 年 9 月 10 日，阿里巴巴在成立 20 周年之际宣布全面升级使命、愿景、价值观。张勇提到，这是一种以文化、制度、人才为驱动力的阿里传统的开始。"新六脉神剑"出炉历时 14 个月，前后修改 20 多稿，升级的使命、愿景和价值观体现了阿里巴巴鲜明的态度、对企业发展方向的本质思考，更体现了阿里人对于如何走向未来的共识。它们将帮助阿里巴巴凝聚同路人，进一步提升组织的创造力，进而更好地拥抱数字经济时代的机遇与变革。

使命、愿景、价值观是阿里巴巴的 DNA。无论环境如何改变，阿里巴巴对使命的坚持不会变，对愿景的坚信不会变，对价值观的坚守不会变。

以使命价值观驱动的独特文化和良将如潮的人才体系，保障了阿里巴巴此次领导力升级。过去 20 年，阿里巴巴因为价值观而与众不同。未来 20 年，阿里巴巴应该也必须因为坚持价值观而与众不同。

所以，OD 从业者要跳出狭义的组织结构优化的思路，摆脱操作型工作的限制，真正从高管的视角、系统的视角去思考，如何通过战略、组织、人才、文化、机制等有效推进组织发展。

要真正实现 OD，必须让 OD 成为一把手工程，而不是隶属于人力资源部。在企业层面，要设立相应的 OD 委员会（名称可以不同，但是要有相关的职能），要有熟悉企业系统发展的牵头人，要能够动员高管参与变革并担任教练，让高管成为变革的代理人。

所以我们更认可广义 OD 的概念，即伴随组织发展的生命周期，通过一系列措施，改善业务，优化结构，提高组织能力，推动组织的业务、系统、人才的健康发展，实现组织使命。

第 3 章

OD 十角色论

我们从 OD 的职能出发，提出了 OD 十角色论，即布道者、企业医生、首席架构师、变革推动者、资源整合者、高管教练、关系黏合剂、组织领域专家、鼓手和企业场景师，让大家对 OD 有更加深刻全面的认识。

角色 1：布道者

OD 是一种主动干预、不断提升企业核心竞争力的过程。OD 要为企业的持续发展贡献价值，首先就要学会布道。OD 应该成为组织使命、愿景、价值观的布道者，持续变革提升理念的布道者，学习型组织的布道者。

企业存在的价值和意义是什么？如何帮助员工找到在企业中的存在感和获得感？单靠物质激励来实现理想的效果，无异于天方夜谭。要靠文化的力量、使命的感召、愿景的牵引，推动人才和组织不断发展和进步。在日常工作中，ODer 要善于总结提炼使命、愿景、价值观，宣扬核心理念，让越来越多的员工接受并认同，同时推动组织不断向着目标前进。

企业是一个存续组织，唯有不断成长才能维系，变革和创新是推动企业成长的关键要素。阿里巴巴"新六脉神剑"中"唯一不变的就是变化"以及华为"坚持自我批判"的价值观，都验证了变革的价值。但是企业和人一样，都是有惰性的，让变革基因永存，是 OD 的核心使命之一。创新从何而来？从学习而来。没有学习能力和学习习惯的组织，无法长足发展。

当然，作为布道者，OD 不是采用强制的规则制度和方式方法要求所有人服从，也不是靠理性的说服，更多的是靠情感打动，通过一系列感性的教育，激发员工发自内心的追求和组织内在的力量。

角色 2：企业医生

OD 是内部专家，要具有专业的视角和变革的精神，在专业方法体系下，从业务需求出发，从经营体系中分析，以管理逻辑帮助企业解决发展过程中可能存在的问题，提高管理效率和经营效益。

OD 应是"一精多专"的全科医生，对组织和人力资源管理要有深刻的洞察，对战略、业务、市场、客服、品牌、技术、生产、资本、供应链、质量、财务、信息化等模块均有所涉猎。

作为企业医生，要像大夫那样经常问三个问题："你怎么了？想开什么药？疗效怎么样？"这与 OD 三板斧"组织诊断—组织变革—组织效能评估"有异曲同工之妙。

麦肯锡 7S 模型涉及战略、风格、技能、共享价值观、员工、系统、结构，ETA 问卷涉及战略规划、组织与流程、制度、人员、人力资源管理、企业文化、变革基础七个方面，它们都是基础诊断工具。

当然，诊断只是 OD 的起点，真正好的 OD，要在分析问题之后提出合理的解决问题的思路。

角色 3：首席架构师

当我们把视角从 OD 转移到企业整个经营管理系统时，才会真正理解 OD 是从战略、业务、组织、机制、文化、人才、流程，甚至技术和财务等多个方面入手的，是企业发展的系统工程。

技术架构师已经成为很多企业的必设岗位，但是管理架构师刚刚为人所知。要想做好 OD，企业必须有首席管理架构师。

虽然 OD 是企业内设职能，但也要从系统的视角，站在宏观的角度，看到企业整体。要从各个经营管理模式中找到制约企业发展的问题，提出有针对性的解决措施。

作为首席架构师，OD 要有战略视野，能够深刻理解企业业务模式和商业逻辑，知道通过何种组织运行方式、文化、机制和人才能够推动业务发展和战略实现。

OD 要有系统思维。企业作为一个开放系统特性的组织，时刻都在动态变化调整，OD 要思考组织系统和次级系统之间如何有效衔接，才能更有效推动企业发展。

沃尔曼（Vollman）提出的 8×6 矩阵，纵向因素为：战略意识、胜任力、过程、资源、回报、战略方案、挑战、学习能力；横向因素为：文化、组织结构、协同、人员、信息、技术。这种关于企业发展架构的思路，是 OD 必须具备的基础能力。

如果大家对管理架构师有兴趣，建议读一读施炜的《管理架构师》，如果能够知行合一，必定会成为极好的 ODer。

角色 4：变革推动者

OD 是一个主动干预企业发展的过程。主动干预，是在企业未出现问题时，预判问题和机会，找到机会点，补上问题点，以目标导向牵引企业成长和发展，以问题导向弥补组织能力不足，螺旋式上升。即使短期有退步，从中长期来看，它是不断迭代式上升的过程，这才是 OD 想要的结果。

OD 的目标是推动企业更好地发展。组织发展，就是在不断解冻—变革—再冻结—效能评价的过程中持续提升。OD 要成为变革的推动者，要能够发现问题、分析问题，并根据企业发展存在的问题拟定专项提升计划，同时要收集内外部资源和材料，不断验证变革方案的可行性。这样一个过程，就是 OD 不断循环提升的过程。

在变革过程中会遇到重重阻力。OD 要善于增加变革的驱动力，比如更好的战略目标，更好的解决问题的思路，描绘未来美好的愿景等；同时，OD 要减少变革的阻力，这就要求 OD 要善于借助企业内部各种资源推动变革。

当然，变革也是有成本的，OD 在推动变革时，要提前预判变革可能产生的期望成本、学习成本、适应成本和选择成本，控制好变革的成本，才能让变革真正落地，实现其价值。

推动变革，一定是自上而下的，不是人力资源部就能履责的，一定要有来自高层的声音和力量。

要成功变革，OD 要遵循以下七个原则：

1. 从事业驱动到核心价值观驱动；

2. 从混乱驱动到流程驱动；

3. 从技术导向到关系导向；

4. 从信息收集到信息共享；

5. 从我到我们；

6. 从产品主导到以人为本；

7. 从领导者到教育领导者。

角色 5：资源整合者

企业是事业的集合体，也是资源的集合体。人、财、物、信息等各类资源在企业中从价值低的地方不断流向价值高的地方。

OD 要推动组织变革，推进企业发展，就必须得到高层、管理者和员工的支持，这就要求 OD 善于整合内部资源，预判在推动变革时可能遇到的阻力，以及需要哪些资源才能克服。

我们在一家企业做咨询时推行一系列文化、组织、机制方面的变革，在访谈中就遇到了元老级高管持"不主动、不抵抗、不拒绝、不合作"的态度。为了更有效地推进项目，客户牵头人数次同这位高管沟通，但因为涉及他的切身利益，他始终不同意项目方案。

无奈之下，客户牵头人同其他几位高管私下达成了共识，建立了推进改革的政治同盟，在委员会表决时，以少数服从多数的方式通过了企业变革的项目方案。

在 OD 推进过程中，观念、文化、员工认可和接受程度、信心、高管及变革代理人、部门之间的协调、新老员工之间的矛盾等各个方面，都牵涉内部资源问题。

改革不是请客吃饭，势必波及部分既得利益群体，这就要求

OD 成为内部资源整合者，能调动一些资源和力量，推动企业变革有条不紊地推进和实施。

角色 6：高管教练

OD 应是一把手工程，至少应是一把手授意、高管牵头推进的工程。OD 成功与否，和高管的认知有极大关系。我们从经手的项目中能够深刻感受到，OD 失败主要是因为高管犯了错。

比如，高管没有 OD 的愿景和规划；高管没有响应变革需求的紧迫感；没有强有力的高管参与形成内部联盟；高管未能对愿景进行有效沟通，扫清实现愿景的障碍。这些都会影响 OD 的效果。高管成，则 OD 成。

OD 要成为高管教练，要能够激发高管调整心态去积极面对组织变革，更要成为企业变革发展的代理人和推动者。高管的能力决定了企业发展的前景，所以高管除了要成为 OD 的代理人和推动者之外，还应提升自身的变革能力。华为就提出了新领导力五维模型：愿景领导力、跨文化领导力、跨界领导力、跨部门合作领导力、竞合领导力。

过去企业高管领导力提升都是由人力资源部负责，现在看来，提高企业领导力是为了企业更好地发展，而要真正推动企业发展，应从 OD 的角度系统思考。所以，领导力开发和能力提升可以由

OD 发起，人力资源部门负责落实相关操作事宜。

角色 7：关系黏合剂

变革的过程必然会引起利益格局的变化，带来冲突。我们曾在一家老牌国有企业做咨询，该集团是由上级单位将几个二级公司捏合而成的，集团只对传统业务单位有一定的话语权和管辖权，对其他二级子公司全无声量。改革后，集团提出"集团化运作、市场化经营"的指导方针。第一件事就是变更产权关系，真正把儿家二级子公司的产权归至集团旗下。

这引起了二级子公司的强烈反对，部分老同志甚至封堵集团大门。改革尚未起步便即将失败。无奈之下，改革领导小组请出德高望重的高管 A，A 总通过自己在集团多年的积淀和耕耘，牵头推进改革事宜。各子公司领导因为顾忌 A 总面子，选择顺应改革潮流，最后改革顺利推行。

国有企业在推进 OD 时，需要关系黏合剂和冲突管理大师，民营企业也一样。我们的另一个客户在上市前推进事业部改制，要打破原有组织架构，30 个部门调整为 10 个事业部。部门减少必然带来"帽子"减少，现有的管理人员到底如何落位？是转为次级结构负责人，还是转为内部专家，抑或是离开？这必然会引起激烈矛盾。最后，董事长出面，对各部门负责人晓之以理，动之以情，从创业之日说起，回忆燃情岁月，顺利推进事业部改革。

角色 8：组织领域专家

组织领域涉及宏观和微观两个层面。微观层面，指组织结构、流程、管控关系、内部衔接方式。宏观层面，涵盖狭义组织理论、行为理论和组织心理学相关领域。

OD 不应只成为组织结构的设计者，更要跳出企业的实践，从理论的高度思考，如何通过更加有效地优化企业发展方式，让企业发展得更有价值。

这样看来，泰勒就是 OD 高手，他在铁锹实验中通过时间动作研究，找到了科学管理的最优实践，提高了劳动生产率，提高了员工的薪酬和企业的价值。

梅奥也是 OD 高手，把"经济人"变为"社会人"，让员工在心理愉悦的状态下不断提高产出。

陈春花、彭剑锋、杨国安、施炜等作为我国组织领域的专家，通过理论和实践的不断交互，提出相关的战略、组织、机制、人才、文化等方面的系统解决方案。陈春花帮助新希望成功转型，彭剑锋创办华夏基石为更多企业服务。杨国安之于腾讯，廖建文之于京东，曾鸣之于阿里巴巴，功不可没，他们都是帮助企业更好发展的 OD 高手。

所以说，不是组织领域专家的 OD，只能是操作型的 OD，而操作型的 OD 不能叫 OD。

角色 9：鼓手

如果大家看过龙舟比赛，对站在船头的鼓手就不会陌生。一支龙舟队，划手有 70 多人，鼓手却只有一两位。鼓手的目的是统一整支队伍的频率，频率一致了，龙舟才能快速前进，当然，擂鼓还可以鼓舞士气，让划手全情投入。可以说，鼓手就是龙舟的灵魂。

企业家明确组织前进的方向之后，发展过程中各资源要素、各板块人马是否能够"力出一孔"，是实现发展目标的重要前提。同时，在企业发展过程中，组织有活力，员工有动力，也是 OD 需要关注的。

鼓手和舵手是不同的角色。舵手是核心，把稳方向，如同领导干部是企业发展的核心。鼓手是灵魂，鼓擂得威，龙舟才有向心力。好的鼓手总能把鼓擂得威风凛凛、气势磅礴，即使龙舟落后，仍然气势不衰、节奏不乱，用有力的鼓点凝聚队员，带领队员劈波斩浪、迎头赶上。

OD 要善于做梦，善于造梦。好的鼓手，能够激发全员拼搏奋斗。发展需要鼓手，改革也需要鼓手。

OD，不亚于企业自我的一场战役，"夫战，勇气也。一鼓作气，再而衰，三而竭。"OD 要在企业发展的过程中做好"鼓手"，

"能用众力,则无敌于天下矣"。要凝聚全员的力量,将个体愿景融入企业愿景,集众人之力、众人之智,才能行稳致远。

角色 10：企业场景师

OD 是一个系统工程,是一个由牵头人发起的组织寻优提升实践结果的过程。OD 需要企业中很多种角色参与进来,但不是所有人对企业的每一个模块都有所了解,怎么办?

OD 要成为企业场景师,在企业家和老板无暇深入一线时,能够深入一线,捕捉最真实的信息,并反馈给企业家和老板,以供企业家决策,同时还要根据自身对于场景的认知,给予决策的反馈。

在推动组织变革时,需要各层面的高管参与,不同职能模块的高管无法了解公司的全貌,这就需要 OD 将企业场景清晰地描绘给参与变革的代理人和推动者,让他们也能够清晰了解公司全貌,判断企业的运行状况、出现的问题、下一步的改进空间,制定更加合理的变革方案。

综上,要做好 OD 必须扮演十个角色,而这不是人力资源从业者能够实现的。所以,我们提出了新的理念:OD 是独立于人力资源管理的一套新体系。

第 4 章

OD 系统铁三角：诊断—变革—效能评价

OD 是什么？狭义的 OD 是针对业务变化来调整组织结构。广义的 OD 是企业在发展的全生命周期过程中，通过一系列措施，改善业务、优化结构、提升能力，推动企业持续健康发展，实现组织的使命和愿景。所以从广义的 OD 来看，华为 IPD 变革是 OD，腾讯组织架构调整是 OD，阿里巴巴价值观更新也是 OD。

华为有 BLM+BEM 的 OD 方法论，阿里巴巴有六个盒子和狩猎模型，腾讯有组织能力杨三角。各家优秀企业的工具，我们能否直接采用呢？

学者生，像者死，世界级企业的 OD 之路，我们没办法复制，但是 OD 背后的逻辑适用于每一家企业。OD 本质上就是企业发展中不断适配和变革的过程。这主要是从问题或者目标出发，通过一系列的变革措施来实现理想状态的过程。所以每一家企业实现 OD 都必经以下三个环节：诊断、变革、效能评价。

一、OD 系统铁三角

OD 的方法有很多种，如果我们陷入其他企业的技术中，乱花渐欲迷人眼，就会失去方寸，不知道从哪里下手。当我们跳出 OD 的各种实践，不难发现，OD 作为一个企业不断强健体魄的过程，其底层逻辑无非是诊断—变革—效能评价三部曲。

诊断是 OD 的起点，是为了发现企业目前发展存在的问题。诊断可以从四个维度入手来进行审视，从企业战略视角能否有效应对市场竞争、组织能否有效匹配企业发展战略、员工是否符合企业发展期望和企业业绩是否符合发展预期等方面进行审视，发现问题，界定问题，解决问题。

诊断问题后，就要形成系统的解决方案。任何一个优化的解决方案都会带来组织内部格局的新变化，也必然带来相应的阻力。所以，形成解决方案只是第一步，要真正做好 OD，就要做好变革的准备并有效推动变革的落地。变革也有自己的方法论，比如卡斯特提出了变革六部曲"审视状态—觉察问题—辨明差距—设计方法—实行变革—反馈效果"，以更有效地推动变革。

当然，OD 不是为了变革而变革，变革只是一种手段，变革的目的是要让企业发展更加高效。衡量 OD 成功与否，不能只看 OD 思路是否落地，也不能只看变革是否有效执行，最主要的是看 OD 推动后的企业绩效和能力提升情况。

二、诊断是 OD 的起点

组织转型的直接动力来自对组织绩效的不满，这是被动开展的 OD。危机感和洞察力十足的企业则会通过 OD 主动干预企业的发展。

无论主动还是被动，首先要学会发现问题。目前 OD 诊断采用的诊断工具主要有以下几种：麦肯锡 7S 模型、ETA 问卷、狩猎模型、盖洛普 Q12、华夏基石诊断金字塔等。

Q12 主要为 12 道问题，从员工敬业度、团队工作环境两大维度，设置了衡量自身、发挥潜力、知人善任、获得认可、精益求精、增强信心、增强信任、战略价值认同、人才培养、忠诚企业、团队交流、学习创新等 12 个二级维度，主要考察员工对组织的认同情况。根据得分，将团队分为高效型、激发型、中立型、消极型等不同类型，不同的组织氛围会带来不同的员工工作积极性，也会带来不同的组织绩效产出。

麦肯锡 7S 模型则从战略、风格、技能、共享价值观、员工、系统、结构等七个维度进行调研。

战略决定企业发展的方向和意图，同时提供企业最终成败的标准。风格主要是指领导风格和行事方式，是关系导向还是目标导向。技能则是组织、管理者、员工能力的综合，组织设计必须服务于培养新的技能或开发现有技能，不考虑能力的战略是不完善的。共享价值观即企业文化，是员工表现的总和，包括工作、合作、沟通态度、行为方式、道德准则等。员工的能力、经验、潜力和意愿是企业成功的决定因素，员工的构成和生产力是关键指标。系统是企业的日常程序和过程，包括管理信息、激励沟通。企业中有正式系统和非正式系统。结构包括组织治理结构、汇报制度、任务分配和整合。

也有企业采用 ETA 问卷进行组织诊断。ETA 问卷从战略规划、组织与流程、制度、人员、人力资源管理、企业文化、变革基础等七个方面对企业进行系统调研。每个维度里又有不同的二级维度。

不同企业的诊断工具有所差异。华为在进行组织诊断时，主要对理想和现状之间的差距进行分析，通过市场洞察和创新焦点，明确战略意图和业务设计。

阿里巴巴则利用六个盒子作为诊断工具。六个盒子也叫韦斯伯德的六盒模型，是从组织内部视角不断检视业务实现过程的利器。六个维度分别是使命 / 目标、结构 / 组织、关系 / 流程、奖励 / 激励、支持 / 工具、管理 / 领导。六个盒子作为简单实用的组织诊断工具，可以帮助企业盘点现状、打开未来。

六个盒子主要运用教练式探询技术，通过不断发问，让参与者找到真正有价值的解决方案。例如在使命目标环节，主要靠以下问题来激发大家参与：我们的目标是否清晰？大家是否都清楚我们的目标是什么？如何实现这个目标？和目标相关的团队对目标以及如何完成目标的理解是否一致？大家是否兴奋？而要用好六个盒子，对 OD 也有要求，必须知晓以下问题的答案：业务团队的目标是什么？业务目标是怎么确立的？为什么会有这个目标？大家对目标是否都清楚？业务团队过去完成了什么目标？令他们骄傲的是什么？他们认为自己的使命是什么？团队目标的实现是否能够支撑整体目标的实现？这几个问题虽然简单，但是当管理者和核心骨干真正静下心思考时，能够产生源源不断的价值。

华夏基石也有自己的诊断工具，这里就不赘述了。企业管理者在考虑 OD 时要多参考业内典型的实践，并且一定要充分利用不同的工具的优势，形成适合自己企业的工具。至于如何基于企业现状建构有自己特色的诊断工具，本书后面会同大家分享。

三、变革是 OD 的过程

无论是否诊断出问题，都应有进一步的提升措施。有问题，要基于问题解决问题，没有问题，要基于机会不断实现新的目标。所以无论诊断结果是什么样的，都应提出相应的解决方案和改进措施。而范围稍广的解决方案就可能称得上是企业自身的变革。所以，变革 OD 的持续状态也是实现 OD 目标的过程。

企业一般关注组织变革、结构变革、文化变革和流程变革，也有企业较为关注干部管理、人才管理、薪酬绩效机制与质量控制系统等维度。

变革的方式有很多种，变革的角度也有很多个，作为 OD 从业者，在讨论变革时切忌陷入形式主义，即过于关注变革的对象，而忽视了变革的逻辑。

什么是变革的逻辑？无论是战略的调整、组织结构的重构、激励机制的优化，还是人员和文化的审视，都是变革的一种通道而已。变革的底层逻辑是，如何用变革方法论将不同维度的变革有效推进，并达到理想的效果。

变革逻辑需要关注以下几个部分：变革的原则、变革的过程、变革的成本、变革的难点、有效变革的手段、变革绩效评价。

1. 变革的原则

变革要遵循以下原则。

● 明确的远景目标：任何一次变革都要明确变革的目标，且要让大家接受。

● 危机感：生于忧患，死于安乐，没有危机感的企业很容易在竞争中掉队。

● 有效沟通：变革的原因、变革的过程、变革中的阻力，都需要有效沟通，企业内部流动的信息也是有价值的变革资产。

● 员工参与：变革是一把手工程，但涉及每一位员工的切身利益，也需要员工参与。

● 营造良好氛围：对变革的接受机制，对失败的宽容氛围，都有利于提高变革的实现性。

● 补偿机制：变革过程中必然会损失部分群体的利益，他们就是变革阻力的来源，有效的补偿机制能够减小变革的阻力。

2. 变革的过程

最基础的变革过程是解冻—变革—再冻结—变革绩效评价。
盖尔平（Galpin）将变革过程进一步细化为：建立变革需求，发展
和宣传变革计划愿景，诊断和分析当前形势，产生变革建议，细
化建议，引导对建议的检查，展示建议，评估并强化，精练变革。
这就是我们常见的变革车轮模型。

简言之，变革就是"发现问题—分析问题—拟定计划—收集
资料—修正计划—试行与验证—提出报告"。

3. 变革的成本

变革的成本包括期望成本、学习成本、适应成本和选择成本。

● 期望成本：主要来自员工期望的前途与实际情况之间的落差
所产生的心理资本的损失。

● 学习成本：主要是员工适应新环境、新岗位，甚至可能要学
习新技能而带来的成本。

● 适应成本：对于变革后工作模式的不适应性也会带来变革
成本。

● 选择成本：变革后，利益损失者是走还是留，是主动应对还
是被动接受，也会造成组织成本高企。

4. 变革的难点

变革最难的地方不在于变革方案的设计，就像咨询项目结项

只是企业变革工作的起点一样。变革的难点集中在观念和文化、
员工的认可和接受程度、信心、新老员工之间的关系、沟通、管
理者及变革代理人、协调与平衡（部门的协调配合、内部整合、既
得利益等）、资源分配与使用、财力支持、成本控制等方面。任何
一个企业发展过程中的难点都可能变成组织变革失败的诱因。

5. 有效变革的手段

前面谈到，变革过程主要是解冻—变革—再冻结—变革绩效
评价。在每一个模块中都有有效提升变革效果的方式，比如在解冻
阶段，要采取务虚会、研讨会和培训营的方式；在变革时，要有明
确的仪式感宣告变革启动，在变革过程中要多次研讨、充分沟通并
形成共识；在再冻结阶段，则要有明确的落实计划，涉及变革的计
划—工作任务—步骤—里程碑节点—责任人—资源保障等维度。

变革其实就是打破组织惯性的一种方式。要打破组织惯性，
就要增加脱离现状的驱动力，减少阻挠脱离现状的约束力，以及
混合使用驱动力和约束力。

关于有效变革的手段，企业可以参考美国的 FORCE 模式。

- F 即灵活，指经营战略应不断随情境变化。
- O 即制度化，指积极建立可长治久安的制度。
- R 即成果导向，指只要求成果，不要求过程。
- C 即沟通，指对员工付出真诚的关怀，可减小变革阻力。
- E 即教育，指注重员工的培训，使员工保持活力和前瞻性。

6. 变革绩效评价

从两个方面来评价变革绩效，一个是变革本身的成功性，另一个是变革为企业带来的成功性。总体成功度、变革节点的里程碑事件完成情况、变革的成本预算情况、变革后员工的适应性、变革后员工的士气、变革后组织内部氛围、沟通与协调的效率等维度，都是衡量是否有效变革的维度。

四、效能是 OD 的标准

变革是 OD 的过程，是 OD 的手段。真正实现企业健康持续快速发展，才是 OD 的目的。效能评价永远是变革的试金石，也是检验 OD 效果的最终标准。

组织效能即企业实现其目标的程度。有效利用资源较大程度实现了目标，就是组织追求的效率高、效能好。

组织效能主要从两个方面来衡量，即过程效能和结果效能。

过程效能主要衡量企业在发展过程中的相关要素是否达到理想状态，如内部运作是否高效、部门合作是否无间、员工士气是否高昂。过程效能评价主要有以下指标。

● 组织氛围的有效性：是否有浓厚的企业文化和积极的工作氛围。

● 组织敬业度：团队精神、群体与组织忠诚度。

● 内部信任与沟通：上下级之间、平级之间的信心、信任和沟通，内部矛盾是否在公司利益最大化前提下解决。

● 决策效率：高效的决策效率有利于加快组织响应速度和增加产出。

● 内部协同：是否能够突破自身利益格局而协同发展。

● 人才梯队：是否有充足的、能力饱和度高的人才队伍支持企业发展。

● 激励机制：是否有导向明确且行之有效的激励机制。

过程效能评价主要评价企业在投入过程中需要把握的关键点。真正的目标还是以结果效能评价为主。

结果效能评价指标可以参考目标金字塔模式，即长期总体目标、短期经营业绩指标、结果指标群、经营效益状况指标、活动子指标群，其实就是财务类和业绩类指标在公司—部门—小组之间和长期—中期—短期之间层层分解而来的指标体系。

1965 年，斯坦李·西肖尔提出了一整套组织效能评价标准，包括定性和定量两大类指标。

● 定性指标：主要有职工满意度、用户满意度、员工士气、企业信誉、内部沟通有效性、群体内聚力、顾客忠诚度等。

● 定量指标：主要有销售额、生产效率、增长率、利润率、次品数量、短期利润、生产进度、设备停工时间、加班时间、缺勤率、员工流动率等。

在选取组织效能指标时，可以从战略清晰性、经营有效性、文化有效性、组织有效性、组织高效性、人才胜任力、机制活力性等维度入手。

当然，不同企业的行业属性、企业规模、生产特点、经营性质、授权过程、组织协调程度、管理能力、员工成熟度、工作标准化程度、工作条件和工作环境都有极大差异。企业在进行效能评价时要尽量选取适合自己的评价指标，切忌面面俱到，面面俱不到。

从以上来看，OD 其实就是企业不断提升自我发展能力，实现新的发展目标的过程。我们不需要对 OD "盛名化"。其实很多企业无论是否有 OD 岗位，都在履行 OD 相关的职能。难道没有 OD 岗位的企业，就不优化企业文化了么？就不完善薪酬绩效等激励机制了么？ OD 重在日常一点点的优化和完善，而不是毕其功于一役的推倒重来，也不是一劳永逸的妙药仙丹。

在管理体系面前，大家千万不要跟风追潮流，盲目学习，最后不了了之。做好应该做的事情，就实现了 OD 最大的价值。

第 5 章

OD 与 ODer

OD 和 ODer 是不同的概念，在这里专门把两个词提出来，是为了让大家更深入地理解 OD。OD 是什么？ OD 是一种组织职能，是一个组织不断变革推动企业发展的过程，所以 OD 更多是针对"事"的层面而言的。ODer 则是履行 OD 职责的"人"。

OD 是职能，ODer 是履行职能的人；OD 是涉及组织的概念，是职能的层面，ODer 是涉及人的概念，是岗位和职责的层面；OD 的职能包括诊断—变革—效能评价，ODer 是推动 OD 的人。

一、ODer 的职责

根据多年咨询经验，我们将 ODer 的职责分为内部和外部两个维度，角色分为两类人：一类是公司层面的组织发展从业者（ODer），我们将其定义为管理架构师或管理科学家；另一类就是在工作中从事人才发展、学习发展、结构发展、文化发展的专职人员，即 SDer、TDer、CDer 和 LDer。

ODer 内外部职责对应的角色如表 5-1 所示。

表 5-1 ODer 内外部职责对应的角色

内部 ODer	外部 ODer
ODer（管理架构师）	管理顾问 / 首席科学家
SDer（结构发展专职人员）	项目人员 / 柔性团队
TDer（人才发展专职人员）	
CDer（文化发展专职人员）	
LDer（学习发展专职人员）	

1. OD 管理架构师

ODer 要从管理的视角为企业提供战略、组织、文化、人才、机制层面的变革，这对从业者的要求很高。施炜提出的管理架构师的概念，恰恰反映了 ODer 应该履行的职责。管理架构师既是企业内部管理体系的规划者和设计者，同时也是践行者、推动者及监督者。

在施炜看来，管理架构师要从价值创造活动、价值链与商业模式、战略目标与路径、流程体系、投资管理、绩效管理、供应管理、生产管理、人才管理、激励机制、财务管理、法务审计、组织结构、任职资格、素质模型等各个维度进行系统思考，为企业构建管理基石。

ODer 也一样，要从战略规划、组织与流程、制度、人员、人力资源管理、企业文化、变革基础等各个维度进行系统思考。

ODer 的职责是什么？就是在企业发展过程中定期进行组织诊断，根据组织诊断结果发起相应模块的组织变革，针对性整合资源促进变革落地，通过螺旋式上升的组织变革提升组织效能。

具体到日常工作中，可从以下四个方面入手：结构发展、人才发展、文化发展和学习发展。

以结构发展为例，在管理架构师诊断企业发展问题后，针对可能需要优化的组织结构和运行机制，提出部门和组织运行模式的调整方案。比如，科层制的业务部门权力下放，做实事业部制，或者由传统的科层制组织模式逐步过渡为平台型组织模式，这些都是 SDer 要协助管理架构师做的事情。

作为管理架构师，要扮演好以下角色，履行相应的职责。

● 企业医生，能够从专业的视角发现问题，并提出解决问题的思路。

● 高管教练，能够激发高管变革的意愿，同时整合高管资源让变革有效落地。

● 变革管理者，带着大家一起上，而不是自己一个人发力。

2. SDer

战略决定结构，结构影响战略，组织结构的设计、流程的梳理和优化、责权体系的明确，都有利于推动企业进一步发展。

海尔从正三角的科层制变革为倒三角的平台型组织模式，实现了"小微＋创客＋生态"的战略和组织布局，推动海尔不断发展。

华为进行 IPD 变革时，主要就是进行流程梳理和优化。为了帮助华为实现 IPD 流程优化，IBM 投入 300 位资深项目经理，不单单构建方案，同时帮助华为人转变思维，提升能力。这些资产项目经理也是 SDer 的角色。

美的进行事业部改革时，在"集权有道、分权有序、授权有章、用权有度"的改革方针下，汇聚了集团内众多优秀人才，他们在变革时也是 SDer 的角色。

所以，SDer 是一种角色，随 OD 需求而变，随职责推进而变。我们更愿意把 SDer 当作内部项目经理的角色，在 ODer 带领下，具体落实相关模块的工作和任务。其职责如下：

● 结合企业战略规划及业务实际运行状况，提出组织结构优化方案，并在管理架构师指导下推进落实。

● 定期审视内部流程运转，采用 4R 工具进行流程内审与监控，识别制约业务高效运转的流程缺陷，督导相关部门优化改进。

● 定期优化企业权责手册，针对不同类型的部门和分子公司，确定分层分类的权责管控体系，做到"管到位，不越位"。

● 进行项目管理，针对管理架构师内部发起的项目，整合各部门员工积极参与，保质保量按时完成 SD 项目计划。

3. TDer

人才投入优先于业务投入，人力资本增值优先于财务资本增值。过去人是手段，是资源，现在人是目的，是价值创造体。人才的地位提升了，因此在组织变革时要格外关注人的因素和力量。

TDer 主要负责人才发展，关注两方面：人才本身、推动人才发展的机制，即"人"和"事"。

● "人"的层面，主要关注能够有效推动战略实现的人才数量、质量和结构。开拓新业务，一个优秀的经营性人才抵得过一百个二流的员工。企业除了关注整体的人力资源规划，还要格外关注"人物、牛人和能人"。人物即行业里的领军人物，牛人则是能够整合资源拓展经营的人，能人即有极强市场开拓能力的人。这些顶级核心人才推动企业不断进步。

● "事"的层面，要关注人力资源管理机制，要关注人才的选、用、育、考、留、退机制。我们提出了人才全生命周期管理，其中包含的人才盘点、人才规划、人才标准、人才选拔、人才绩效、人才激励、人才发展、人才退出等模块，都是 TDer 的关键职责。

项目管理上，OD 体系与人力资源要实行矩阵式管理，任何一个变革项目的发起都需要项目经理。

4. CDer

一切资源和财富都会消散，唯有文化生生不息，任正非极力推崇文化的价值和力量，他表示，就是文化的浆糊将 19 万华为知识分子粘成了一个整体，达到了一个又一个事业高峰。

文化发展也是 OD 体系下的关键模块。关于具体的文化管理，我们提出"五个一"。

● 一套理念体系，如《华为基本法》，对未来发展有系统思考，通过研讨营、座谈会等方式，统一共识，明确方向。

● 一套行为体系，如阿里巴巴"六脉神剑"，细分不同场景下的行为准则，配套行为绩效考核体系，奖优惩劣，提升队伍凝聚力和战斗力。

● 一套荣誉体系，如华为荣誉体系，通过业绩、态度、创新、团队等多维度构建荣誉体系，评选荣誉奖项，树立标杆典范，激发比学赶帮超的热情。

● 一本案例集，将有关榜样和标杆的案例以及日常工作中的案例整合起来，形成优秀事迹案例集，激发全员拼搏奋斗激情，践行拼搏奋斗精神。

● 一系列文化反思会，通过宣誓大会、总结大会、标杆学习等方式，进行组织、思想和行为层面的深刻反思，实现成就客户、成就组织、成就自我的目标。

上述都是 CDer 要履行的关键职责，当然也要进行项目管理。

5. LDer

未来的组织要有柔性，能及时响应外部环境变化，通过自身能力的提升应对外部不确定性风险，这就要求打造学习型组织。

学习型组织包括学习氛围营造、学习平台打造、学习机制构建等多个维度。

● 学习氛围营造，高管要带头践行，通过公司内部定期的探讨会、反思会、复盘分析会，形成浓厚的反思 – 改进的学习氛围。

● 学习平台打造，类似企业大学、在线 MOOC，构建各种类型的学习平台，有利于员工利用碎片化时间学习和成长。

● 学习机制构建，用游戏化、积分制的方式，让学习与薪酬、绩效、职位晋升和人才发展等模块结合，不断推动员工学习进步。

以上是对 OD 和不同 ODer 之间职责的简单界定，接下来会详细介绍不同 ODer 需要什么素质能力，以便于大家转型或招募合适的 ODer。

二、ODer 的能力要求

OD 逐步受到企业的重视。腾讯内部有腾讯咨询，阿里内部有政委体系，华为内部有华为咨询及流程与质量部门，从事相关工作的人都是企业内部顾问的角色，其要求也有一些共通之处，我们进行了总结，供大家参考。

1. 专业技术能力

作为 ODer，要有企业内部管理架构师的专业技术能力。精通组织理论、管理理论、心理学及相关生态学与系统论观点，熟悉战略、组织、文化、人力资源相关管理技术方法，有深厚的组织变革方法论，熟悉各种场景下变革的操作技巧。

作为 SDer，要熟悉组织发展历程，对直线职能制、科层制、事业部制、平台型组织模式的特点及运行方式有所了解。深刻理解流程架构及具体运作模式，能根据不同层级企业的特点，设计分层分类的管控手册和权责清单。

作为 TDer，要熟悉组织行为学，分析适合业务的人员结构、人员配置及考核激励模式，能够协助 ODer 完成公司人才发展规划，并针对骨干员工设计闭环生命周期管理体系。

作为 CDer，要熟悉文化诊断模型及文化理念，提炼相关专业知识，能将文化理念通过"知信行达"的方式落实为企业的日常管理工具。

作为 LDer，要熟练掌握建模技巧，能够基于企业任职资格体系搭建企业大学，熟练掌握学习及能力提升方法。

所有的从业者都应熟悉变革方法论，以有效发现问题，推动变革，实现理想效果。

2. 业务经验

所有的从业者都要求有业务经验。高级别的 ODer 对具体业务往往没有深刻了解，因此，入职后首先要进行业务浸入式了解，真正熟悉企业业务，才能做好 OD。

其他各模块的 ODer，要有 1 ～ 2 年业务工作经验（非业务管理经验）。不同于 BP（业务伙伴）出身于业务，成长于管理，ODer 要出身于管理，成长于业务，才能真正令管理价值最大化。

3. 项目管理

项目管理能力要成为每一位从业者的基本任职能力。要掌握项目管理理论，善于利用项目管理流程和技术，熟悉甘特图和项目管理工具。

4. 通识管理与领导能力

具备计划、组织、协调、指挥、控制能力，具备目标管理、会议管理、沟通管理等通识管理能力。

能够激励赋能，描绘蓝图，具有一定的领导能力，善于激发成员参与变革。

5. 心理与身体素质

具有较强的责任心和团队精神，工作积极主动，能够承受较大的工作压力，能接受高强度的工作和长期出差。

从以上方面不难看出，想要成为一个 ODer，无论负责哪个模块，工作难度和工作强度都不算小，不是轻轻松松便能做好的。

要真正做好 OD，就要进行系统思考，将 OD 视为企业独立的管理职能。关于 OD 的运作模式，下一章会详细讲解。

第 6 章

OD 与 HRM 的相爱相杀

OD 是独立于人力资源的管理职能，想必大家已经接受了这一观点。有人也许会有新的疑惑：独立于人力资源体系的 OD 体系如何运作？日常工作如何开展？人员是专职还是兼职？和人力资源部是什么关系？这些疑惑在这一章将会得到解答。

一、OD 与 HRM 的区别

过去大家都认为 OD 是人力资源部应该履行的职责，所以都是人力资源部来招聘 ODer。如果我们了解 OD 的价值，就会发现，人力资源部按照优秀 HR 的标准，按图索骥找来的 ODer 基本上无法有效履责。背后的原因是什么？技术导向和结果导向之间存在差异。

人力资源管理是一个技术门槛较高的领域，部门内的 HR 大多是技术方面的专家，所以本书更愿意把人力资源从业者定义为产品经理的角色。无论是人力资源业务伙伴（business partner，BP）、专家中心（center of excellence，COE）还是共享服务中心（shared service center，SSC），都要把人力资源的产品和服务做得更完善、更科学、更合理。如果我们把人力资源部当作独立运营的公司，COE就是内部的技术专家，BP就是深入客户一线的售前解决方案工程师，SSC就是交付工程师。所以本质上人力资源部也是在推广自己的人力资源产品服务包。

ODer则恰恰相反，他不是产品经理的角色，更多的是项目经理的角色。产品经理关注技术有效性，是永久性的岗位设置。项目经理则是临时性的，关注变革性的工作。在华为完成IPD变革后，IBM的顾问就撤出了华为；杨国安在协助腾讯完成集团组织结构调整后，也将重点工作转向"青藤创业营"，培育内部经营人才和领军人才。

当我们真正把OD和HRM区分开后，就会非常容易理解OD的运作模式。OD本质上类似于内部咨询项目，ODer作为管理架构师，类似于项目总监，各模块负责人就是项目经理，负责牵头统筹和协调。在落实不同模块的工作时，需要人力资源部专家参与就邀请人力资源部专家，需要文化部门参与就邀请文化部门，需要经营部门参与就邀请经营部门，通过矩阵式管理实现不同模块的变革项目。

二、OD 的矩阵式运作模式

为了便于大家理解 OD 的矩阵式运作模式，我们构建了简单的示意图，如图 6-1 所示。

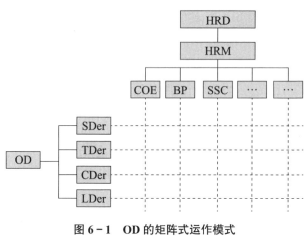

图 6-1　OD 的矩阵式运作模式

纵向是专业条线，代表人力资源专业管理体系，横向是项目条线，代表不同组织变革方向的项目管理路径。

● COE 在推进 OD 过程中主要扮演技术专家的角色，在某个模块提供相应的技术解决方案。

● BP 作为业务场景师，类似于内部客户经理，要能够及时将业务部门的需求和捕捉到的真实场景反馈给 ODer 和 COE，然后由 ODer 指明方向。其他的 XDer（四种角色中的任何一种，如 TDer、SDer 等）负责总体项目规划和管理，COE 参与其中，提供模块化的解决方案。

最终方案成型后，由 SSC 负责落实。整个运作模式是矩阵式的。

举例来说，通过例行的诊断机制，发现某事业部最近员工离职率较高，经过深度沟通和访谈得知，员工是因为内部薪酬和绩效体制不公平而产生不满，大批离职。此时，OD 的职责就开始发挥作用。

首先是界定问题，ODer 认为人才管理机制出了问题，所以需要由 TDer 出面。

TDer 在 BP 的协助下，到该事业部进行二次调研。经过深入调研，TDer 建议优化该事业部的绩效奖金考核和发放方式。

随后在企业内部设立专门的项目，ODer 出任项目总监，TDer 出任项目经理，BP 作为外联专员，COE 作为模块专家，组成联合项目小组，共同解决该事业部的绩效奖金考核和发放问题。

在项目组中，BP 负责将该事业部的业务情况和人员情况以最真实的状态描绘出来，方便大家快速了解。ODer 结合 BP 的场景描绘给出建议，明确整体的技术思路和项目路径，并委托 TDer 进行项目管理。

TDer 有丰富的业务经验、专业技术能力和项目管理能力，能够有效统筹和推进项目。制定完项目计划后，需要 COE 参与进来，利用其技术专长，设计薪酬调整方案和绩效调整方案。然后，由项目组内部评判该方案是否符合预期。

当 TDer 同 ODer 就解决方案达成共识后，将薪酬绩效优化方案向业务部门负责人或者公司副总汇报，在方案的落地性和操作性得到确定后，事业部薪酬绩效改革项目就告一段落。日常绩效考核和薪酬发放由 SSC 负责跟进落实。因为薪酬绩效机制的改变，该事业部员工队伍逐步稳定，齐心协力开辟了新的市场，赢得了上下好评。

这个模拟案例描述了推进组织变革时内部的矩阵式运作模式。

以上是被动式应对的 OD 行为，主动式干预的 OD 行为应该是建立例行的管理机制，比如诊断—调研—方案设计—方案优化—方案落地—方案效果评价—组织效能评价等。

OD 要想做到位，必须有严谨的管理体系。

由 TDer 牵头时，参与其中的就是人力资源部的同事，如果由 CDer 牵头，参与的可能就是企业文化相关部门。从这个角度看，OD 职能既同人力资源职能严格区分又相互关联。实践中，弄清楚了内部运作模式，就不会在遇到问题时手忙脚乱了。

三、如何开展项目制管理

OD 在运行时，高层要有一个 OD 委员会，其中要有几个专职角色，例如 ODer、SDer、TDer、CDer、LDer，如果是规模较大的企业，内部管理问题较多，可以开展例行性的组织诊断与变革，对几类角色全部设置固定岗位。如果是规模较小的企业，可以由其他高管或相关人员兼任。

OD 以矩阵式运行时，一般采取项目制管理方式。因为可能会出现系统性的变革，也可能同步推进不同模块的变革，所以 OD 要做好项目、项目群、项目组合三个层面的项目管理工作。

采取项目制管理方式，能够有效达成变革时确定的战略目标，同时能够实现各部门之间的资源共享，有利于打破部门专业壁垒和视野局限。在项目组内，不同层级不同类型的人参与其中，有利于提升专项工作效率，不断提升变革效能。所以 OD 必须成为高管牵头的一把手工程，才能有效推进组织变革。

当然，项目管理也存在一定的不足，比如共享资源的有限性，过分重视项目而忽视了专业职能的工作，内部很容易出现扯皮推诿现象等，这些都需要配套严格的项目权责体系和考核体系。

在项目制运作的过程中，首先要明确项目管理的责权体系，即项目经理授权、资源可获得性、项目预算管理权力、项目经理角色和项目团队成员角色五个维度。这五个维度的运行方式如表 6 - 1 所示。

表 6 - 1　项目管理的责权体系

项目权益	运行方式
项目经理授权	在 OD 过程中，授予权限空间极大
资源可获得性	变革过程中，优先为 OD 配置资源
项目预算管理权力	OD 委员会管理预算，XDer 落实预算
项目经理角色	大企业 XDer 为全职，小企业为兼职
项目团队成员角色	除项目总监和经理外，其余人员从各部门临时抽调

XDer 作为项目经理，负责项目从策划、启动、计划、执行直到结束整个过程，涉及人、财、物等资源的协调，项目风向的把控等，让参与其中的每一位成员都成为项目的"动力源"，实现独立创造、智慧分享，提升全员的综合能力和职业素质。

人力资源或其他部门专业技术人员参与项目，有利于提升专业技术的实践性，同时也有利于提升人员的客户意识和业务导向，真正将技术应用到业务场景中，实现为业务赋能。

XDer 在实施 OD 项目时，要确保项目目标明确、可完成，并让高管参与进来。项目计划的制定采用的工具一般包括 WBS（Work Breakdown Structure，工作结构分解）、PERT（Program Evaluation and Review Technique，网络分析法）、GANTT（Gantt chart，甘特图）等。

当然，OD 项目可能成功，也可能失败。成功的关键因素值得各位从业者关注。

- 组织变革的目标、范围清晰明确。
- 变革获得高层领导的积极支持。
- 变革的组织保障健全且稳定。
- 在企业内部建立有序的、有效的、良好的沟通渠道。
- 建立有效的项目管理体系，并严格进行变更控制。
- 项目组内部形成良好的、积极的、团队合作的工作氛围。
- XDer 作为项目经理有丰富的项目管理经验。

除了以上方面以外，专业管理技术、合理预测、跨部门协作、计划控制点较少、责权利清晰、资源配置充足等，都是成功实现组织变革项目的关键。

四、如何评价 ODer 的工作成果

在项目制运作的背景下，对 ODer 主要基于项目作出评价，同时结合参与组织变革项目的其他人员的成果和表现。

对 ODer 的工作评价，从项目的数量与质量、项目完成情况、项目内部评价、组织效能提升情况四个维度进行。

1. 项目的数量与质量

企业可以借鉴高校与科研机构的内部项目评审制度，针对 ODer 每年发起的组织变革项目进行评审，通过评审的项目越多，ODer 的工作绩效就越突出。

当然，除了数量以外，还应对项目的质量、能够解决的问题、选择的切入点、项目的成本预算情况等各方面进行综合考量。

能够做好 OD 的企业，内部必须有完善的项目申请、立项、审批的流程。

2. 项目完成情况

评价项目完成情况有以下不同的思路。

基于关键节点和里程碑的项目考核主要以工作计划为考核依

据。项目工作计划包括标志性成果和任务、详尽的成果／任务描述、各项成果／任务的责任人、项目任务开始和终结日期等。

也可基于财务视角来评判项目的绩效结果，通过项目的投入产出分析以及给组织带来的经济效益分析，来评价 OD 项目的绩效。需要注意的是，很多 OD 项目以提升组织能力为目的，很难有明确的财务指标支撑。

内部客户满意度也可以成为 OD 项目的评价维度，比如由人才满意度而引发的内部变革，最后应该以人才满意度为终结。如果是由外部客户满意度而发起的变革，对 OD 的评价就应以外部客户满意度为终结。

3. 项目内部评价

除了针对整体项目评价之外，还应对项目内部进行评价，项目总监、项目经理和项目参与者都有效履责，才能保证项目稳步推行。项目内部评价主要基于角色展开，不同角色承担的工作职责不同，评价指标也不一致。

4. 组织效能提升情况

OD 是提升组织效能的手段，所以最终评价 OD 项目的指标应该是能否有效提升组织效能，如果能有效提升，即为成功的 OD，如果未能有效提升，则失败。

有条件的企业完全可以将 OD 独立于人力资源体系，变成独立职能，就像华为的总干部部独立于人力资源部、小米的组织部独立于人力资源部一样。没有条件的企业可在公司层面设置 OD 委员会，设立虚拟项目经理角色，定期通过内部的竞标、评审来确定 OD 项目和项目经理，推行组织变革。

　　OD 要实现价值，矩阵式运行模式是最理想的，但不应拘泥于任何一种管理模式，适合自己的才是最好的。

/ 第二篇 /

OD 实践篇

第 7 章

组织诊断工具：麦肯锡 7S

OD 三部曲即诊断、变革与效能评价，其中诊断是 OD 的起点，是为了发现企业目前发展存在的问题，诊断之后，就要形成系统的解决方案，推动解决方案的过程就是 OD 的过程。

许多组织转型的直接动力来自对组织绩效的不满，这是被动开展的 OD，很多危机感和洞察力十足的企业则会通过 OD 主动干预企业发展。常见的 OD 诊断工具主要有：麦肯锡 7S 模型、ETA 问卷、盖洛普 Q12、华夏基石金字塔模型。本章将着重介绍麦肯锡 7S 模型。

麦肯锡 7S 模型（McKinsey 7S Model），简称 7S 模型，如图 7-1 所示。图中显示了麦肯锡顾问公司研究设计的企业组织七要素，企业在发展过程中必须全面考虑，包括战略（strategy）、风格（style）、技能（skill）、共享价值观（shared values）、员工（staff）、系统（system）、结构（structure）。

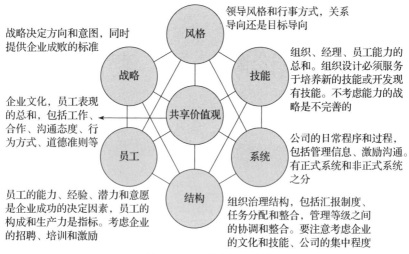

战略决定方向和意图，同时
提供企业成败的标准

领导风格和行事方式，关系
导向还是目标导向

组织、经理、员工能力的
总和。组织设计必须服务
于培养新的技能或开发现
有技能。不考虑能力的战
略是不完善的

企业文化，员工表现
的总和，包括工作、
合作、沟通态度、行
为方式、道德准则等

公司的日常程序和过程，
包括管理信息、激励沟通。
有正式系统和非正式系统
之分

员工的能力、经验、潜力和意愿
是企业成功的决定因素，员工的
构成和生产力是指标。考虑企业
的招聘、培训和激励

组织治理结构，包括汇报制度、
任务分配和整合，管理等级之间
的协调和整合。要注意考虑企业
的文化和技能、公司的集中程度

图 7 - 1　麦肯锡 7S 模型

在战略层面，主要关心目标、方针和基础三个要素。公司的
目标客户是谁？公司提供什么样的产品或服务？公司如何有效地
服务其客户？公司如何构建可持续的竞争优势？公司的战略优先
事项是什么？需要什么样的跨职能行动？

在共享价值观层面，主要关注所有成员是否理解、认同价值
观并达成共识，且作为行动准则。关注员工是如何看待组织的独
特之处的，管理者更注重哪些工作维度，以及员工为什么做事、
如何做事。

在技能层面，主要关注组织运作能力，即组织作为一个整体
所拥有的能力，比如业务活动能力、系统资源等。

在系统层面，主要分析组织系统中行政系统的绝对有效性，
以及各系统环节中成员各自的工作方式与相互合作的状态及效能。

在员工层面，提出人才发展战略是第一战略要素，政治系统必须利用一切确保人才的培养，人才的知识管理系统是关键，要让合适的人履行合适的责任。

在风格层面，关注不同类型企业的管理风格，是强势的还是宽容的，员工是自主的还是被动的。

在结构层面，主要关心分工和协同如何影响企业的正常运行。

麦肯锡 7S 模型主要采取 5 分法进行组织调研评估，示例如图 7-2 所示。

一、战略

1.您认为公司目前的发展战略是否明确?(　　　)

A. 非常明确　　B. 比较明确　　C. 一般　　D. 比较不明确　　E. 不明确

2.您认为公司目前的定位是否明确?(　　　)

A. 非常明确　　B. 比较明确　　C. 一般　　D. 比较不明确　　E. 不明确

⋯⋯⋯⋯⋯

图 7-2　组织调研评估方式示例

麦肯锡 7S 模型七大维度模块问卷如表 7-1 所示。

表 7-1　麦肯锡 7S 模型七大维度模块问卷

维度要素		内容
战略	战略执行	我清楚地知道公司的战略方向。
		公司制定了详细的战略实施计划。
		我和同级同事都了解各自在实施公司战略过程中的角色和责任。
		与我工作相关的部门的目标支持我的战略任务实现。
		上司和我定期评估/跟踪战略实施的进展。
		公司战略使我们的工作重点更加明确。
		我认同公司的战略方向。
		为了实现公司战略，我和同级同事在工作中投入全部力量。

续表

维度要素		内容
战略	战略制定	公司目前的发展战略明确。
		未来 3～5 年我们的业务能快速增长。
		公司根据战略拟定了资金使用计划、销售计划、用人计划等。
		我知道公司的定位。
		公司对所处环境中机会的认识清晰。
		公司对自身优势的认识清晰。
		公司决策层检讨企业经营战略的频度如何?
		公司目前的定位明确。
		公司战略将使我们的商业模式获利丰厚,取得满意的投资回报率。
		公司的核心能力有竞争力。
		公司战略将提升我们的竞争优势。
		公司战略将提升我们产品(在功能、价格或品质等方面)的竞争力。
		公司战略将使我们的服务(在服务或一站式解决方案等方面)做得更好。
		公司战略将使我们的品牌形象及知名度胜过主要竞争对手。
	战略指标	环境对公司的三个主要威胁是什么?
		公司明确了实现新战略所需人才的质量标准和数量。
	战略认同	公司清楚了解执行新战略所需要的核心价值观和行为准则。
		目前公司的发展战略不需要做出调整。
		公司有清晰的核心价值观和行为准则。
		我认同公司的核心价值观和行为准则。
		公司高管的言行与公司的核心价值观和行为准则一致。
		履行工作职责时,员工遵循公司的核心价值观和行为准则。
员工	高管胜任评价	高管具备有效履行工作职责的能力。
		高管做到正直诚实。
		高管与员工坦诚沟通。

续表

维度要素		内容
员工	高管胜任评价	高管投入时间和资源发展组织和人才。
		高管能够做出正确的决策。
		高管善于学习，并从错误中吸取教训。
	一线和中层胜任评价	一线和中层管理者具备有效履行工作职责的能力。
		一线和中层管理者做到正直诚实。
		一线和中层管理者与员工坦诚沟通。
		一线和中层管理者善于学习，并从错误中吸取教训。
		一线和中层管理者能够做出正确的决策。
		一线和中层管理者投入时间和资源发展组织和人才。
	非管理岗位胜任评价	非管理岗位员工具备有效履行工作职责的能力。
	培训能力与招聘能力	公司能吸引和招聘合适的人才。
		公司知道什么能够吸引人才，并且能向人才说明公司的优点。
		公司有清晰的人才能力标准。
		公司有合适的人才招聘渠道。
		公司有基于人才能力标准的招聘流程。
		参与招聘的人接受过正式的招聘技能培训。
		公司使用专业的招聘工具。
	人才培养	公司给员工提供充分的培训，使他们把工作做得更好。
		上司为下属制定发展计划。
	员工满意度	公司能够留住优秀人才。
		员工在公司受到尊重和关心。
		员工在公司有个人成长空间。
		相对于其他公司同类岗位，员工的薪金是合理的。

续表

维度要素		内容
员工	绩效考核管理	公司以公平的方式快速处理绩效差的员工。
		公司实施正式的绩效目标设定、回顾和评估流程。
		上司和下属一同讨论，就绩效目标达成一致。
		上司为下属制定的绩效目标具有挑战性。
		上司为下属制定的绩效目标是有可能达成的。
		上司和下属定期进行绩效回顾。
		当绩效不理想时，上司会进行辅导，采取改善行动。
		根据绩效目标实际达成情况来评估绩效。
		绩效结果与晋升和奖励有明确的关联。
		绩效好的员工收入明显高于绩效差的同岗位员工。
	组织结构	公司清楚执行新战略所需要的组织架构、运作流程和信息系统。
		组织架构设计符合战略执行要求。
		对于公司战略成功至关重要的部门均已设立。
		落实战略所必需的关键岗位均已设立。
		合适的人放在合适的岗位上。
共享价值观	团队意识	公司各个部门之间能有效沟通协作。
		公司鼓励部门合作及员工合作，交换意见，共享资源。
		公司设定的绩效指标鼓励部门及员工之间的相互协同和支持。
		我 / 我的部门 / 小组能得到他人 / 其他部门 / 小组的支持。
		我 / 我的部门 / 小组能支持他人 / 其他部门 / 小组。
	授权赋能	上司能适当授权，确保快速回应客户。
		员工被赋予必要的决策权。
	理想承诺	几年的创业历程中，我认为对公司发展最重要的三件事是什么?
		最令我难忘的一件事是什么?

续表

维度要素		内容
共享价值观	理想承诺	我最受感动的一件事是什么？
		我认为对企业贡献最大的三个人是谁？
		他们最宝贵的精神是什么？
		他们对我最大的启发是什么？
		我认为公司发展必须有什么样的精神（理念）？
		公司有什么样的使命 / 目标能使我觉得我的工作重要？
系统	体系构建	单位管理制度健全。
		单位安排工作有序。
		部门间不存在推诿或扯皮现象。
		公司的管理制度能得到严格执行。
		公司对待员工公平。
	内部控制	各项制度能得到严格执行。
		在日常管理中，上下级间的指令和汇报不存在越级现象。
	责任明晰	在需要相关部门合作的事务中各部门的责任界定明晰。
	制度有序	公司内部处理日常事务有序。
	授权赋能	在与我相关的工作中，能充分行使建议权。
	内部沟通	高层领导难以形成统一意见。
	信息反馈	我能及时了解到公司和本部门相关的经营信息。
技能	职业培训	我在从事本岗位工作前接受过相关专业技能的培训。
		我接受过本岗位的理论性知识教育。

续表

维度要素		内容
技能	业务能力	现阶段我的技能和知识是否满足本岗位的需求？
		我能准确有效地进行书面及口头表达。
	开放学习	我能主动有效地学习新知识或新技能。
	责任担当	我能积极主动地完成各项任务。
风格	团队协作	我认为我能为团队做出的贡献是： A. 我能很快地发现并把握住新的机遇。 B. 我能与各种类型的人一起合作共事。 C. 我生来就爱出主意。 D. 我的能力在于，一旦发现某些对实现集体目标很有价值的人，就及时推荐。 E. 我能把事情办成，主要靠我个人的实力。 F. 如果最终能带来有益的结果，我愿面对暂时的冷遇。 G. 我通常能意识到什么是现实的，什么是可能的。 H. 在选择行动方案时，我能不带倾向性也不带偏见地提出一个合理的替代方案。
		在团队中，我可能的弱点是： A. 如果会议的组织、控制和主持不够好，我会感到不快。 B. 我容易对那些有高见而又没有适当地发表出来的人表现得过于宽容。 C. 只要集体在讨论新的观点，我总是说的太多。 D. 我的客观看法使我很难与同事打成一片。 E. 在一定要把事情办成的情况下，我有时使人感到特别强硬甚至专断。 F. 我过于重视集体的气氛，很难与众不同。 G. 我易于陷入突发的想象中，而忘了正在做的事情。 H. 我的同事认为我过于注意细节，总有不必要的担心，怕把事情搞砸。

续表

维度要素		内容
风格	大局观念	当我与其他人共同负责一项工作时: A. 我有在不施加任何压力的情况下去影响其他人的能力。 B. 我随时注意防止粗心和工作中的疏忽。 C. 我愿意施加压力以换取行动,确保会议不是在浪费时间或离题太远。 D. 在提出独到见解方面,我是数一数二的。 E. 对于与大家共同利益有关的积极建议,我总是乐于支持。 F. 我热衷于寻求最新的思想和新的发展。 G. 我相信我的判断能力有助于做出正确的决策。 H. 我让人放心的是,对那些最基本的工作,我都能组织得井井有条。
	整体意识	我在工作团队中的特征是: A. 我有兴趣更多地了解我的同事。 B. 我经常挑战别人的见解或坚持自己的意见。 C. 在辩论中,我通常能找到论据去推翻那些不甚有理的主张。 D. 我认为,只要计划必须开始执行,我有能力推动工作。 E. 我不在意使自己太突出或出人意料。 F. 对承担的任何工作,我都能做到尽善尽美。 G. 我乐于与工作团队以外的人联系。 H. 尽管我对所有的观点都感兴趣,但这并不影响我在必要的时候下决心。
	专业精神	在工作中我得到满足,因为: A. 我喜欢分析情况,权衡所有可能的选择。 B. 我对寻找解决问题的可行方案感兴趣。 C. 我觉得我在促进良好的工作关系。 D. 我能对决策有强烈的影响。 E. 我能适应那些有新意的人。 F. 我能使人们在某些必要的行动上达成一致意见。 G. 我感到我的身上有一种能使我全身心地投入到工作中的气质。 H. 我很高兴能找到一个可以发挥我想象力的天地。

续表

维度要素		内容
风格	敬业奉献	如果突然给我一项难度大的工作，而且时间有限，人员不熟： A. 在有新方案之前，我宁愿先躲到角落，拟定出一个摆脱困境的方案。 B. 我比较愿意与那些表现出积极态度的人一道工作。 C. 我会设想通过用人所长来减轻工作负担。 D. 我天生有紧迫感，这将有助于我们不会落在计划后面。 E. 我认为我能保持头脑冷静，有条理地思考问题。 F. 尽管困难重重，我也能保证目标始终如一。 G. 如果集体工作没有进展，我会采取积极措施去推动。 H. 我愿意展开广泛的讨论，意在激发新思想，推动工作。
	持续改进	对于那些在团队工作中或与周围人共事时遇到的问题： A. 我很容易对那些阻碍前进的人表现出不耐烦。 B. 别人可能批评我太重分析而缺少直觉。 C. 我有做好工作的愿望，能确保工作持续进展。 D. 我容易产生厌烦感，需要一两个有激情的人让我振作起来。 E. 如果目标不明确，让我起步是很困难的。 F. 对于我遇到的复杂问题，我有时不善于解释和澄清。 G. 对于那些我不能做的事，我有意识地求助他人。 H. 当我与真正的对立者发生冲突时，我没有把握使对方理解我的观点。
结构	快速响应	向上级请示工作时，上级经常说他需要向他的上级请示后才能给予回复。
	授权赋能	我需要在本部门人员调配、考核晋升、年终奖金分配方面拥有更大的权力。
		在相关的工作中，我有充分的决策权。
	组织执行力	我认为公司的管理制度能得到严格执行。
	整体意识	我认为公司其他部门在与我的工作信息交流上表现优秀。
		在日常管理中，上下级间的指令和汇报存在越级现象。

续表

维度要素		内容
结构	团队协作	当工作需要公司相关部门协助的时候，他们配合如何？
	职责明确	在需要公司多个部门合作的事务中，各部门间的责任界定明确。
		目前经常出现多个领导向我分配任务的情况。
	管理状况	我因为领导的指示频繁变更而无所适从。
		我认为公司现在的组织结构臃肿。

大家可以结合麦肯锡 7S 模型的各个维度，通过全员评价，做内部的交叉对比分析，看出本企业在哪个模块有优势，在哪个模块有劣势。诊断出问题之后，即可针对性地提出解决措施，这样诊断的价值就真正落到了实处。

ODer 在推进工作时，务必进行系统思考，管理者和员工可以根据主观感知来判断组织是否存在问题，是否需要变革。作为从业人士，我们要有整体的、业务的视角，更要有专业的思路，利用科学合理的方式方法来做好诊断，这就是专业的价值。

下一章将介绍 ETA 问卷。

第 8 章

组织诊断工具：ETA 问卷

上一章给大家解读了麦肯锡 7S 模型，本章和大家分享另外一种诊断工具——ETA 问卷。

ETA 组织诊断问卷的底层逻辑和麦肯锡 7S 模型基本一致，不过在维度上略有差异。麦肯锡 7S 模型包括结构、系统、风格、员工、技能、战略、共享价值观。ETA 问卷则从战略规划、组织与流程、制度、人员、人力资源管理、企业文化、变革基础等七个方面对企业进行系统调研，每个维度又有不同的二级维度，如表 8 - 1 所示。

表 8 - 1　ETA 问卷维度

一级维度	二级维度
战略规划	战略认同
	战略制定
	战略执行
	业务多元化的认识

续表

一级维度	二级维度
组织与流程	组织结构
	流程管理
	职责分工
	权限
制度	制度建设
	制度执行
人员	员工素质
	人才储备
	领导能力
	队伍建设
人力资源管理	用人机制
	绩效考核管理
	薪酬与激励
	培训管理
	个人职业生涯发展
企业文化	文化统一性
	文化认同
	工作氛围
	规则意识
	危机意识
	团队意识
	创新意识
	沟通氛围
变革基础	变革认同
	变革承受力

在 ETA 问卷中，每个二级维度对应一个锚定的题目，通过题目的选择来判断这些维度目前的经营和管理现状。

ETA 问卷也是采取 5 分法进行组织调研评估，示例如图 8 - 1 所示。

一、战略规划——战略认同

1. 您是否认同公司制定的战略规划？（　　　）

A. 非常认同　　　B. 比较认同　　　C. 一般　　　D. 比较不认同　　　E. 不认同

2. 您认为公司未来的战略定位和发展方向明确吗？（　　　）

A. 非常明确　　　B. 比较明确　　　C. 一般　　　D. 比较不明确　　　E. 不明确

…………

图 8 - 1　ETA 问卷示例

ETA 问卷各模块问卷示例如表 8 - 2 所示。

表 8 - 2　ETA 问卷示例

维度要素		内容
战略规划	战略认同	我认为集团公司未来整体上市很有必要。
		我非常认同集团公司制定的"十四五"发展规划。
		我认为集团公司未来的战略定位和发展方向很明确。
		我对集团公司实现全年整体经营目标充满信心。
		我觉得集团公司高层领导班子对未来的发展方向和战略规划达成了一致。
	战略制定	据我所知，集团公司已经制定了未来 3～5 年的总体发展规划。
		我认为集团公司在制定发展规划时应该广泛征求大家的想法，凝聚共识。
		我认为集团公司针对中长期发展规划制定了具体有效的年度实施计划和策略。

续表

维度要素		内容
战略规划	战略执行	各单位的工作都能围绕集团公司的总体目标进行。
		集团公司各个生产单位和职能部门都制定了明确的年度经营或管理目标和实施计划。
		对于集团公司的战略目标，集团公司对各生产单位和职能部门建立了有效的考核监督机制。
	业务多元化的认识	我认为集团公司未来应该涉足房地产等非相关业务领域。
		我认为集团公司未来应该提高产品技术含量、开发衍生产品、提升加工深度。
		我认为集团公司未来应该聚焦铜铅锌等有色金属的矿藏资源开发、加工、销售业务。
		我认为集团公司未来应通过多种途径加大矿藏资源的开发和储备。
组织与流程	组织结构	集团公司各职能部门的设置是合理的。
		我认为集团公司"有人无事做，有事无人做"的现象比较严重。
		集团公司目前的组织结构是合理的，有助于支撑集团公司的战略。
		我认为很有必要改革现有的组织结构以适应集团公司迅速扩张的需要。
		集团公司各生产经营单位的设置是合理的。
		我所在部门的岗位设置（包括人员编制）是合理的。
		在集团公司，管事的人多，干事的人少。
	流程管理	我认为集团公司内部各项业务流程（如生产计划的制定、原材料的采购等）是很清晰的。
		我认为集团公司各单位及岗位之间业务上扯皮、推诿的现象比较少。

续表

维度要素		内容
组织与流程	职责分工	各部门的职责范围和工作任务界定是明确的。
		集团公司各部门的职责分工是合理的。
		我所在部门的职责分工是明确的。
		在集团公司,我经常被安排做与本职工作无关的事情,我很苦恼。
		我经常会遇到多头领导的情况,我都不知道该听谁的。
	权限	我认为集团公司管理中存在重生产轻经营、重生产轻组织的现象。
		集团公司各生产经营单位有严格的预算标准。
		我有足够的权限去履行岗位职责。
		集团公司对人、财、物及重大业务决策的管理权限有明确的规定。
		我认为我所在部门和相关联部门能很好地协调、对接,确保工作有效开展。
		集团公司各部门有明确的工作计划。
		集团公司在计划管理、目标管理方面做得比较到位。
		每个月上级都有明确的工作计划与目标下达给我。
		在集团公司,工作计划完成情况需要定期向上级汇报。
		集团公司有专门措施来跟进各部门计划与目标的完成情况。
制度	制度建设	集团公司的规章制度比较全面。
		总体上说,集团公司各项制度能紧密联系工作实际。
		集团公司管理制度建设和集团公司迅猛发展相比显得滞后。
		集团公司各项制度的制定与出台有统一的归口部门,很少冲突。
	制度执行	违反集团公司制度的行为通常能得到及时处理。
		集团公司管理制度执行得很好,从上到下都能遵守。
		我认为集团公司内人情关系干扰制度执行的现象比较普遍。

续表

维度要素		内容
人员	员工素质	与同行业其他企业比较，总体上来讲，集团管理队伍的素质比较高。
		与同行业其他企业比较，总体上来讲，集团员工队伍的素质比较高。
		我认为目前的员工素质与同行业其他企业比较并不差。
		与同行业其他企业比较，总体上来讲，集团技术队伍的素质比较高。
	人才储备	我认为集团公司各单位都拥有一批骨干队伍。
		我认为集团公司目前各部门领军人才的数量是足够的，关键是如何用好他们。
		我认为集团公司目前后备人才的数量能够满足集团公司未来发展的需要。
	领导能力	我的部门领导经常能够妥善安排工作，很懂得用人。
		我认为我的部门领导管理能力较强。
	队伍建设	我认为，对各专业的领军人才，集团公司很重视，他们有比较好的待遇，晋升的机会较多。
		我认为目前集团公司的骨干队伍很不稳定，人才流失的现象比较严重。
		我认为集团公司有一套比较科学的后备人才（管理人才、技术人才、技术工人）培养机制。
人力资源管理	用人机制	目前集团公司高层领导的用人政策很清楚：重视个人才干，任人唯贤。
		我认为在集团公司内部，只要你有才干，迟早会被发现和受到重用。
		集团公司已经形成能者上庸者下的干部选拔机制。
		干部员工升迁的标准是客观的，政策是透明的。
		我认为集团公司已经有一套比较完善的人员淘汰退出机制。
	绩效考核管理	我所在部门的考核制度和考核指标体系是比较完善的。
		现有的考核制度是公平合理的。

续表

维度要素		内容
人力资源管理	绩效考核管理	我认为集团公司现行的考核制度能真正起到促进干部员工改进工作绩效的作用，而不是仅仅作为发放奖金的依据。
		集团公司对干部员工绩效的考核和评价有明确具体的标准。
		上级部门对下级部门的考核和评价有客观的依据和标准。
		目前集团公司实施的绩效考核制度不能客观真实地评价干部员工实际工作业绩。
		目前集团公司的绩效考核管理方法确实能提高干部员工的工作积极性。
		对于考核结果，我的领导通常都会找我面谈。
	薪酬与激励	我目前的收入水平与同行业其他企业相比是合理的。
		集团公司的薪酬水平在当地还是有一定吸引力的。
		集团公司目前的薪酬政策很难吸引和留住优秀人才。
		我认为集团公司业务骨干人员的价值在薪酬方面得到了合理的回报。
		就个人能力而言，我认为目前的收入水平是比较合理的。
		集团公司的工资和奖金分配政策是公平的。
		我的收入与我在工作中的付出是对等的。
		我的收入与我的工作业绩是挂钩的。
		我认为各单位和各工作岗位对集团公司的贡献大小不同，在薪酬上应有所差异。
	培训管理	集团公司有完善的培训管理制度、流程和课程安排。
		我认为目前集团公司的培训形式过于单调。
		集团公司安排的各类培训能真正考虑业务的实际需要。
		在集团公司，我能得到工作所需的培训。
		通过参加集团公司组织的培训，我确实得到了一定的提升。

续表

维度要素		内容
人力资源管理	个人职业生涯发展	集团公司为干部员工做了明确的职业发展规划。
		我现在从事的工作很难发挥我的专长。
		我觉得我在集团公司能有比较好的发展。
		我的工作能给我提供施展才能的机会。
		我认为，对各专业的领军人才，集团公司提供了较多的职业发展机会。
企业文化	文化统一性	我认为目前集团公司没有统一、清晰的文化价值理念。
	文化认同	我对集团公司未来的发展充满信心。
		我对集团公司目前倡导的行为规范、价值理念很认同。
		我对集团公司有很深的感情，我很愿意长期在集团公司工作。
	工作氛围	我对集团公司目前的工作条件和工作环境比较满意。
		我认为全体干部员工的工作积极性是比较高的。
		我认为集团公司上下级的关系总体来讲比较融洽。
	规则意识	我觉得工作中同事们都比较自律，能遵守集团公司的规章制度。
		集团公司人治的成分比较小，绝大部分事情都能按规定、制度办理。
	危机意识	目前我能感受到集团公司发展面临的威胁，很清楚集团公司下一步面临的竞争压力。
		我感觉，如果我不努力工作，不加强学习，很可能会下岗。
	团队意识	集团公司的员工在日常工作中都能体现团队精神。
		遇到重大的任务，各部门不分彼此，全力合作。
		我认为各级干部员工有很强的合作意识，彼此之间配合融洽。

续表

维度要素		内容
企业文化	创新意识	我认为集团公司应该加大变革和创新力度。
		目前集团公司经常鼓励员工在工作中发挥创造性。
	沟通氛围	集团公司领导经常会征求干部员工的意见，并愿意采纳好的建议。
		集团公司内部经常会举办各级人员的经验交流会。
变革基础	变革认同	我赞同集团公司目前实施的各项变革，这有利于集团公司更好发展。
	变革承受力	我觉得只要是符合集团公司发展要求的变革，我都能够接受。

在开展问卷诊断时，还需要填写调查人的基本信息，以方便对比交叉分析。示例如图 8-2 所示。

一、个人基本情况
1. 性别（男/女）
2. 年龄（分段设置，根据公司人员年龄结构具体设定选项）
3. 学历（高中/中专以下、大专、本科、硕士、博士及以上）
4. 工作部门（根据公司部门结构具体设定选项）
5. 目前职务（根据公司职务序列具体设定选项）
7. 入司年限（根据员工入司年限结构具体设定选项）
8. 人员类型（根据公司人员类型具体设定，如生产人员、营销人员、技术人员等）
9. 分布地域（根据公司员工地域分布具体设定选项）
10. 其他（有利于后续做交叉分析的细分维度都可设置）

图 8-2　问卷个人基本情况调查示例

ETA 问卷和 7S 问卷都是以问卷的形式收集信息，通过分析，找出组织发展中存在的问题和有待改进之处。设置问卷只是第一步，之后还需要关注发出问卷—回收问卷—问卷清洗—数据整理—数据分析—观点提炼—提出对策等一系列步骤。

另外，进行组织诊断时，问卷调查只是其中一个环节，还可采用行业研究、深度访谈、专家会议等多种方式。组织诊断其实就是一个不断收集加工整理信息并提炼观点的过程，信息越全面，范围越广泛，就越能体现诊断的价值。

麦肯锡 7S 模型、ETA 问卷都是成型的工具，每家企业要结合自身的特点，总结适合自己的诊断工具。后面两章介绍盖洛普 Q12 和华夏基石金字塔模型等诊断工具，之后会详细讲述如何构建一套专属于企业的诊断体系。

// 第 9 章 //

组织诊断工具：盖洛普 Q12

前面介绍了两个组织诊断工具麦肯锡 7S 模型和 ETA 问卷，本章和大家分享一个组织氛围调研工具：盖洛普 Q12。

盖洛普 Q12 主要关注组织氛围。组织氛围是指在特定环境下工作的感觉，是一个复杂的综合体，包括影响个人和群体行为模式的规范、价值观、期望、政策、流程等。

哈佛大学教授詹姆斯（W. James）提出，薪酬制度仅能让员工发挥 20% ～ 30% 的潜力，良好的工作氛围可以让员工发挥 80% ～ 90% 的潜力。《财富》杂志调查表明：影响员工工作的因素中，组织氛围居第 2 位，金钱仅排第 6 位。

组织氛围主要涉及六个方面，即灵活性、明确性、责任性、奖励性、进取性、凝聚性。组织氛围越好的企业，员工动力就会越强。企业在进行组织氛围诊断时，可以采用盖洛普 Q12 问卷。

不同于 7S 和 ETA 问卷动辄上百道题目，Q12 问卷一共只有

12 道题目，非常易于理解，如图 9－1 所示。该问卷看似简单，但很实用。盖洛普 Q12 对 12 个行业 24 家公司的 2 500 多个经营部门进行数据收集，然后对 105 000 名来自不同公司和文化的员工的态度进行分析，发现这 12 个关键问题最能反映员工保留、利润、效率和顾客满意的硬指标。

盖洛普 Q12 测评法

盖洛普的 Q12 是测评一个工作场所的优势最简单和最精确的方法，也是测量一个企业管理优势的 12 个维度。包括 12 个问题：

1. 我知道公司对我的工作要求吗？
2. 我有做好我的工作所需要的材料和设备吗？
3. 在工作中，我每天都有机会做我最擅长做的事吗？
4. 在过去的七天里，我因工作出色而受到表扬了吗？
5. 我觉得我的主管或同事关心我的个人情况吗？
6. 工作单位有人鼓励我的发展吗？
7. 在工作中，我觉得我的意见受到重视吗？
8. 公司的使命／目标使我觉得我的工作重要吗？
9. 我的同事们致力于高质量的工作吗？
10. 我在工作单位有一个最要好的朋友吗？
11. 在过去的六个月内，工作单位有人和我谈及我的进步吗？
12. 过去一年里，我在工作中有机会学习和成长吗？

图 9－1　盖洛普 Q12 测评法

这 12 个问题按照不同维度可以划分为两大一级维度，分别为员工敬业度和团队工作环境，如表 9－1 所示。

表 9－1　盖洛普 Q12 测评法维度

维度要素		内容
员工敬业度	衡量自身	我知道公司对我的工作要求。
	发挥潜力	我有做好我的工作所需要的材料和设备。

续表

维度要素		内容
员工敬业度	知人善任	在工作中，我每天都有机会做我最擅长做的事。
	获得认可	在过去的七天里，我因工作出色受到表扬。
	精益求精	我的同事们致力于高质量的工作。
团队工作环境	增强信心	在工作中，我觉得我的意见受到重视。
	增强信任	我觉得我的主管或同事关心我的个人情况。
	战略价值认同	公司的使命／目标使我觉得我的工作很重要。
	人才培养	工作单位有人鼓励我的发展。
	忠诚企业	我在工作单位有一个最要好的朋友。
	团队交流	在过去的六个月内，工作单位有人和我谈及我的进步。
	学习创新	过去一年里，我在工作中有机会学习和成长。

　　根据不同维度的诊断得分，组织氛围可以分为高效型、激发型、中立型、消极型四种类型，如表9-2所示。

表9-2　组织氛围类型及评判标准

类型	评判标准
高效型	答复4、5分的比例在80%及以上，答复5分的在20%及以上，1、2分的在5%以下。
激发型	答复4、5分的比例在70%及以上，答复5分的在15%及以上，1、2分的在10%以下。
中立型	答复4、5分的比例在60%及以上。
消极型	答复4、5分的比例在60%以下。

　　● 高效型：能够使员工发挥最大的潜力，这种组织氛围表现为员工全力投入并且尽最大努力完成组织交给的任务。

● 激发型：能够促进（帮助）员工尽己所能完成组织交给的任务。

● 中立型：有几个维度之间的差异很大或有几个维度的分值很大。员工并非尽己所能完成工作任务，通过组织氛围的改善可以极大地提高组织绩效。

● 消极型：多数或所有维度之间的差异都很显著，这种组织氛围可能会导致员工高的离职率和缺勤率，并且会限制员工的努力，以致员工不能以最佳状态工作。

为使大家深入理解 Q12，盖洛普针对 12 个问题都有相应的解读，如图 9-2 所示。

盖洛普 Q12 问题解读

Q01　我知道公司对我的工作要求
要求是我们衡量自身进步的里程碑，知道公司对自己的要求如同知道通往成功的路径。

Q02　我有做好我的工作所需要的材料和设备
向员工提供做好工作所需的材料和设备是支持员工工作的首要行为，同时也是最大限度发挥员工潜力的前提和基础。

Q03　在工作中，我每天都有机会做我最擅长做的事
员工只有在工作中用其所长才能充分实现其潜力。当一个员工的天生优势与其所做工作相吻合时，他就可能出类拔萃。知人善任是当今公司和经理面临的最重要挑战。

Q04　在过去的七天里，我因工作出色受到表扬
认可和表扬如同建设良好的办公环境的砖和瓦。我们每个人都需要获得认可，以及由此而生的成就感。盖洛普在研究中发现，表扬已成为一种与员工有效沟通的方式。

Q05　我觉得我的主管或同事关心我的个人情况
离职的员工并不是要离开公司，而是要离开他们的经理和主管，在现在的公司管理中，经理和主管对员工的影响很大。对员工的关心可以增加双方的信任度，而这种信任会左右员工对公司的看法。

Q06 工作单位有人鼓励我的发展

我们的工作使我们有机会每天接触新情况和发现新方法来迎接挑战。盖洛普发现，在今天的工作场所，终生受雇于一家公司已过时。新的重点是终生就业机会。优秀的经理会挖掘员工的优势、才干并鼓励他们在适合自己的方向上发展。

Q07 在工作中，我觉得我的意见受到重视

所有员工都希望他们的意见受到公司的重视，而是否使员工有此种感觉又取决于公司如何倾听和对待他们的意见。这个问题往往被称为员工的"内部股价"。它测量员工对工作和公司所产生的价值感，能增强员工对公司的信心。

Q08 公司的使命／目标使我觉得我的工作很重要

员工如果能将公司的价值、目标和使命与他们自己的价值相联系，就会有很强的归属感和目标感。如果员工认为他的工作对公司整个目标很重要，这将增强他的成就感。

Q09 我的同事们致力于高质量的工作

盖洛普在研究中还发现，员工对工作质量的精益求精也是影响团队业绩的关键因素。员工高质量的工作能增强团队精神，继而在整体上提高效率和改进质量。

Q10 我在工作单位有一个最要好的朋友

高质量的人际关系构成一个良好的工作场所，良好的工作场所会帮助员工建立对公司的忠诚度。公司往往关注员工对公司的忠诚度，然而，最优秀的公司领导认识到，忠诚度同样存在于员工之间。员工之间关系的深度对员工的去留会产生决定性的影响。

Q11 在过去的六个月内，工作单位有人和我谈及我的进步

员工往往并不了解他们的才干在具体行为中会如何表现，他们需要从经理那里获得反馈来发挥才干和产生效益。优秀的经理常常会不断与员工进行工作交流，并会谈及员工的进步，帮助员工认识和理解他具有的才干以及如何在每天的工作中发挥出来。

Q12 过去一年里，我在工作中有机会学习和成长

学习和成长是人类的天然需要。学习和成长的一个途径就是寻找更有效的工作方法。对员工来说，有机会学习才能更好、更有效地工作，获得快速成长。

12 个问题主要是针对团队工作环境和员工敬业度方面的测评，这 12 个软性问题与公司硬性的业绩指标紧密联系。研究发现：员工敬业度高的公司与员工敬业度低的公司相比，员工的保留率将提升 13 个百分点，生产效率提高 5 个百分点，顾客满意度上升 52 个百分点，公司利润率上升 44 个百分点。案例表明：员工敬业度将上升 5 个百分点，顾客满意度将上升 1.3 个百分点，最后将使公司收益增长水平上升 0.5 个百分点。由此看出，高度敬业的员工将开启企业踏上成功之路的大门。

图 9 - 2 盖洛普 Q12 问题解读

从 Q12 来看，员工敬业阶梯分为四个层次，从低到高分别为我的获取（基本需求）、我的奉献（管理层支持）、我的归属（团队工作）、共同成长（总体发展），如图 9-3 所示。

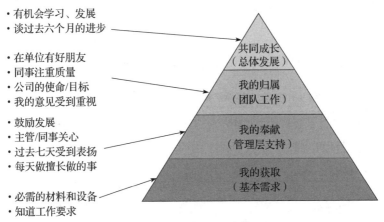

- 有机会学习、发展
- 谈过去六个月的进步

- 在单位有好朋友
- 同事注重质量
- 公司的使命/目标
- 我的意见受到重视

- 鼓励发展
- 主管/同事关心
- 过去七天受到表扬
- 每天做擅长做的事

- 必需的材料和设备
- 知道工作要求

共同成长
（总体发展）

我的归属
（团队工作）

我的奉献
（管理层支持）

我的获取
（基本需求）

图 9-3　员工敬业阶梯

不同层级对应的绩效也有所差异，我的获取对应绩效基础，我的奉献对应个人绩效，我的归属对应团队绩效，我的发展对应长久绩效。

Q12 的底层逻辑认为，对内没有测量就没有管理，因为你不知道员工怎么敬业、客户怎么忠诚。在盖洛普看来，要想把人管好，首先要把人看好，把人用对，给他创造环境，发挥他的优势，这是管人的根本。即让每一位员工产生主人翁责任感，当责任感和归属感产生后，员工就会投入，工作绩效也会越来越好。

12 个问题在发问时还会继续延伸，最多可以扩散为 180 个问题，比如"我知道公司对我的工作要求"就可以沿着基本要求、目标设定、考核标准等维度不断细化。

当然盖洛普 Q12 不只是为了评测，更多是为了优化和完善管理体系。Q12 是团队工作环境和员工敬业度的 KPI，是以评测为基础的管理体系，并不是员工满意度调查，也不是群众评议领导或举报箱。

Q12 的评测结果对于员工和管理者有不同的含义，如表 9－3 所示。

表 9－3　Q12 测评结果对管理者与员工的不同含义

Q12	管理者要做的	员工得到的
1	界定正确的结果	工作有目标和方向
2	为员工提供信息和资源	能做"有米之炊"
3	帮助员工找到才干，并使其与工作相匹配	感到愉悦，能使工作出彩
4	及时激励，正向强化	被认可，有成就感
5	建立"情感账户"	感受到温暖和关怀
6	给员工举"镜子"，帮助其找到合适的位置	清楚职业发展之路
7	倾听员工心声，集思广益	感受到自身价值，受到尊重
8	让员工了解公司战略、目标并建立起联系	责任感、使命感
9	流程、分工合理，增强凝聚力和协作意识	每个人都高效、负责
10	创造信任、友谊的氛围	有归属感，能更好地应对困难
11	定期反馈，让员工看到自己的成长和进步	受到鼓舞，增强信心
12	提供挑战性工作、辅导、反馈及各种机会	各种学习机会，适应未来挑战

　　盖洛普的核心思想是优势理论，这一理论认为，对个人、企业围绕独特优势来定位是最有效的。Q12 方法在各大企业中引起了很大反响，其主旨是通过询问企业员工 12 个问题来测试员工的敬业度，并帮助企业寻找最能干的部门经理和最差的部门经理，不断提升经营效益和管理水平。

　　总结 Q12 的核心要点，其底层逻辑是工作环境舒心，员工敬业度可以有效提高和改善，员工敬业度提升后，能够有效推动管理效率、劳动生产率和客户满意度的提升，所以从员工敬业度出发来优化和升级企业内部的管理体系也是一种有效措施。这种底层逻辑同霍桑试验一脉相承，是以"社会人"为假设基础的，是符合理论和实践趋势的，也符合人才制胜未来的管理导向。

　　当然，在使用 Q12 时还要进行对标分析，自己和自己比，看看有没有进步，不同事业部之间比，看看孰优孰劣。通过对比，不断找到差距，积极改进，就能将评测的结果变为管理改进的策源点，发现问题并提出问题的解决思路，最终再进行新一轮的效能评估，这也恰恰是 OD 系统铁三角的发展逻辑。

　　下一章将同大家分享华夏基石金字塔模型，之后将讲述如何设计工具，开展诊断。

第 10 章

组织诊断工具：华夏基石金字塔模型

无论是麦肯锡 7S 模型、ETA 问卷还是盖洛普 Q12，基本上都是以 5 分法的问卷方式开展诊断调研，维度偏向于内部。但是企业在发展过程中必然会受到多种因素的影响，选择了风口，成功的概率会比其他行业大。大市场和小市场对比起来，市场拓展的难度也有天壤之别，所以在做组织诊断时，要从组织内部走向组织外部，在关注组织、文化、人才队伍、业务模式等内部要素时，也要关注资本、技术、品牌等竞争要素，以及行业空间、客户需求、价值生态等产业要素。诊断就像 CT 一样，扫描的部位越多，捕捉的信息可能就越有价值，下一步制定的组织发展与变革计划就越有针对性。

结合多年咨询实战经验，华夏基石提出组织诊断金字塔模型，如图 10 - 1 所示。

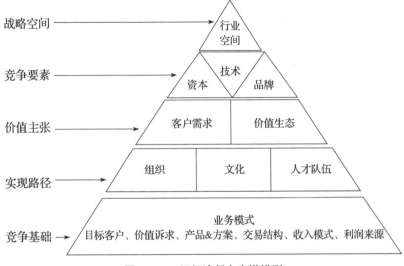

图 10 - 1　组织诊断金字塔模型

　　组织诊断是对组织整体发展及核心竞争力的诊断，因此华夏基石提出包含五大维度、十个方面的诊断模型，思考企业整体核心竞争力的来源及诉求，通过核心竞争力诊断，思考如何构建有针对性的、业务及市场导向的、具有战略一致性的经营和管理体系，从而发现问题，提出优化建议和解决方案。

一、战略空间：大市场孕育大机会

　　要思考支撑企业目标的业务在产业领域内的发展空间是否足够。"水大鱼大"，大市场孕育大机会，华为能够成为世界级的企业，是因为选择了世界级的通信市场。但通信市场也有一定的市场饱和度，所以华为在其"云管端"战略背景下，在拓展智慧智能解决方案的 B 端企业市场后，又继续拓展 C 端业务，从手机、电视、电脑、手表等电子产品发力，向更大的市场迈进。

腾讯当年差点以 60 万元人民币卖掉，就是因为苦守社交，空有流量无法变现，当腾讯选择借助流量优势进军游戏领域后，盈利空间一下就打开了，发展成为互联网巨头。

所以，选择大于努力，有没有找到风口，有没有找到足够大的生存空间，是所有组织需要持续不断求索的问题。

二、竞争要素：梦想不等于能力

合理的战略方向和战略目标只是成功的第一步，实现了战略目标才有价值。实现战略目标，赢得市场竞争，还要靠实力。组织的竞争要素包括三个方面：资本、技术和品牌。

现金是企业的血液，充足的现金能够为业务拓展和企业发展提供源源不断的支持，企业需要重点关注。华为在很多战略领域能够成功，就是采取了资源的"范弗里特弹药量"的饱和攻击方式，针对每个机会点配置资源，直到取得胜利。复盘乐视战略体系，其"生态化反"的战略思路并没有多大问题，关键是从"内容＋手机＋大屏"的铁三角进入电动车领域时，经营管理不善，现金流中断，最后整个体系被抽血，无以为继。所以资本是每个企业发展最核心的竞争要素。

技术是企业发展的动力，华为最早从代理交换机起家，是纯粹的贸易型公司，因为总是受到上游厂商的挤压，常常在客户侧失信，百般无奈之下选择自主研发的道路，这反而成就了华为。

"技术是第一生产力"在华为的发展中体现得淋漓尽致，《华为基本法》中提到，每年拿出不低于 12% 的营收投入研发，几十年上千亿美元砸下去，才有了技术领先优势。

当然，技术的竞争力和现金也有直接关系。联想"贸工技"和华为"技工贸"的发展路线之争，看似是创始人发展思路的差异，本质上还是行业选择和业务模式导致的。华为所在通信行业竞争激烈，但毛利率尚可，所以才有资金和底气不断投资技术。

有品牌就有了溢价权，有品牌就有了信任背书。小米公司有了"极致性价比"的品牌属性后，无论是手机还是电脑，都能够快速占领消费者心智。以智能手表为例，当小米进军该领域时，已是一片红海，但基于品牌背书，它仍然能够打开市场，打造全球出货量最高的智能手表，这就是品牌的价值。

三、价值主张：沿客户需求不断聚合价值

以客户为中心，为客户创造价值，是每一家企业成功发展必须坚持的核心价值观。以客户为中心，就要不断关注客户的需求及其变化趋势，从中找到可以拓展的空间。

客户需求在发生变化，如图 10 - 2 所示，由过去的单一客户向多元化客户转变，关系导向逐步转变为成果导向，客户模块化需求也逐步向系统解决方案转变，同时，直接客户与间接客户需求混序交织。这些多元化客户主体、多样化客户需求都在倒逼组织升级服务理念和服务模式。

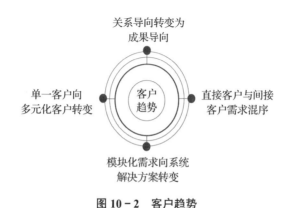

图 10 - 2　客户趋势

自身资源和能力局限之下，如何满足客户多样化需求？贴近客户，围绕客户构建价值生态，整合一切可以整合的资源，持续快速响应客户需求，是每个企业都需要重视的。

产业型公司要学会走进客户的价值生态中，提供独特价值。未来商业社会应该只有两类企业——"生态体"和"被生态体"，所以，从现在开始就要思考如何加入生态、构建生态。生态发展力也成为企业的核心竞争力。

四、实现路径：战略目标实现靠能力

目标不等于能力，战略规划的价值在于指明方向，战略路径和战略能力才是支撑战略实现的载体。核心竞争力的实现路径主要包括组织、文化、人才队伍三个方面。

战略决定组织，业务模式的分类决定了不同的组织结构，不同的行业成熟度需要配套不同的组织模式。进行组织模块诊断时需要关注两个方面，即组织结构和组织职能。组织结构即部门、层级和职责的界定，要思考结构能否实现资源与业务的协同，保证经营效率，有利于发挥专业职能，满足运营管理要求。

华为早期尝试过事业部改革，将经营权限下放至各个事业部，在研产销闭环里，每个事业部都极具扩张欲望，结果重复造轮子、争资源、难协同。为了改变这种状况，华为又回归基于分工的大部制，区域主要做市场平台，业务集团主要做商业平台，产品与解决方案主要做研发平台，华为重新进入高速成长阶段。

在组织职能层面，主要关注战略管理体系、运营管理体系、职能管理体系，如图 10-3 所示。战略管理体系旨在通过针对客户和市场的系统性思考，提高企业战略执行力。运营管理体系旨在通过标准化体系建设，提高经营效益。职能管理体系旨在通过日常管理机制的构建，实现组织效率。

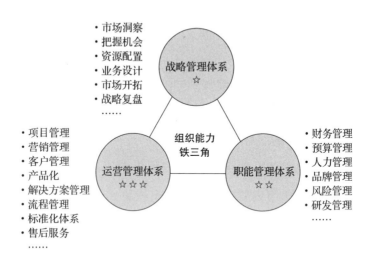

· 市场洞察
· 把握机会
· 资源配置
· 业务设计
· 市场开拓
· 战略复盘
  ……

战略管理体系
☆

· 财务管理
· 预算管理
· 人力管理
· 品牌管理
· 风险管理
· 研发管理
  ……

组织能力
铁三角

· 项目管理
· 营销管理
· 客户管理
· 产品化
· 解决方案管理
· 流程管理
· 标准化体系
· 售后服务
  ……

运营管理体系
☆ ☆ ☆

职能管理体系
☆ ☆

图 10 – 3   组织能力铁三角

文化主要关注组织中人才的动力和活力。全员是否以客户为中心，是否以奋斗者为本？是否有明确的使命、愿景、价值观和文化理念？是否有负面文化和亚文化盛行？全员的使命感和激情如何？能不能打胜仗的最大前提是想不想打胜仗，文化的价值不容忽视。

人才制胜未来，一支结构合理、能力互补、素质优良、信心十足的人才队伍是企业成功的关键。当然，比人才更重要的是人才的管理机制，即激励、约束、牵引、淘汰机制。华为人才用得好，主要就是薪酬分配合理，让奋斗者有动力，让劳动者不吃亏，让懈怠者被淘汰。人才的管理机制也是企业发展的核心竞争力来源。

五、竞争基础：商业模式选择决定上层建筑

创新是企业发展的动力来源，技术和产品的创新、资本模式的创新和商业模式的创新都可以推动企业的发展。商业模式的创新主要关注目标客户、价值诉求、产品＆方案、交易结构、收入模式和利润来源。很多企业只是商业模式发生了变化，就可以带来战略空间的大变化。

互联网时代为什么传统行业会受到极大冲击？其"羊毛出在狗身上，让猪来买单"的商业模式，形成了极大的不对称竞争优势。小米能够在 8 年内成为全球最年轻的世界 500 强，和其"硬件—软件—互联网服务"的铁人三项商业模式息息相关。

商业模式作为基础，决定了行业空间，也决定了需要配置的资本、技术和品牌要素，同时明确了客户和价值生态，组织、文化和人才队伍也是为了支撑商业模式随需而变，这样，整个诊断金字塔就能将企业经营管理的要点涵盖到位。

一个完善的组织诊断体系还要注意以下几点：

第一，任何企业都应结合自身发展特点，设置相应的诊断模式，而不是教条主义、生搬硬套。

第二，诊断前可以只关注核心的和重点的方面，但是在诊断时要多种方式方法并行，将资料梳理法、访谈法、专家会议法等都纳入进来，仅依靠问卷法效果有限。

第三，诊断一定是问题导向或目标导向的，不能为了诊断而诊断，要有针对性。同时，针对诊断出的问题要提出解决思路，让组织更健康稳健地发展。提高组织核心竞争力和持续发展能力，才是诊断需要关注的最终目的。

第 11 章

OD 诊断方法：组织诊断五部曲

诊断是优化的起点，也是 OD 的起点。诊断就是透过现象看本质，从界定制约企业发展的核心"痛点"出发，思考如何有效提升企业核心竞争力和发展效能。

企业如何构建适合自己的诊断体系呢？下面介绍组织诊断五部曲。

一、诊断思维：透过现象看本质

做好诊断，首先要有透过现象看本质的思维方式。哪些现象值得关注？比如：

- 员工对薪酬不满意，竞争力下降；
- 质量下降；
- 产品需求和整体收益下降；

- 员工频繁跳槽；
- 组织规模缩减之后士气低落；

··········

我们在做咨询时，经常会有人说企业遇到了各种各样的管理问题，深究之下，这些问题都只是现象，真正的问题实际上隐藏其中。比如我们在给一家上市公司做咨询时，最初要解决的是技术人员流失问题，想通过任职资格和发展通道的设计，给技术人员打开成长空间来留人。但初步洽谈之后，我们发现技术人员流失是因为企业业务推进不畅，技术人员成就感和发展空间不足，随后的诊断也验证了我们的看法。而我们在研究企业业务推进不畅时，又发现原因在于企业布局的行业太多，资源和能力跟不上，处处打井，均不了了之。最后选择的解决方案是战略澄清，聚焦优势领域，集结资源压强投入，逐步突破。

企业是一个系统，每一个节点都有因果关系，只有找到影响企业发展的"痛点"，找到现象背后的问题，才能真正解决问题。

组织诊断其实就是不断找到根本问题的过程，通过个性建模、优选方法、过程把控、形成报告、改进方案五部曲，找到问题、界定问题、解决问题。

二、诊断五部曲之一：个性建模

组织诊断五部曲，首先要做的就是个性建模，要根据企业的特点，找到适合自己的诊断维度和诊断工具。

　　麦肯锡 7S 关注七个维度，分别为战略、风格、技能、共享价值观、员工、系统、结构。ETA 问卷从战略规划、组织与流程、制度、人员、人力资源管理、企业文化、变革基础等方面进行系统调研。华夏基石诊断金字塔从战略空间、竞争要素、价值主张、实现路径、竞争基础等五个维度及对应的十个方面进行系统思考。

　　不同诊断工具关注的重点有所差异，企业在进行诊断时要有的放矢，不要追求大而全。

　　结合多年咨询经验，我们总结了以下一级维度和二级维度，如表 11-1 所示。企业在开展组织诊断时，可以抽取其中的各种维度，自由组合为个性化诊断工具。

表 11-1　组织诊断维度示例

一级维度	二级维度
愿景与战略	战略与愿景认同性
	行业竞争环境
组织运行	组织效能
	组织氛围
	管理变革
人力资源体系	人力资源战略
	人力资源理念
	职位管理
	员工职业生涯管理
	绩效管理体系

续表

一级维度	二级维度
人力资源体系	薪酬管理体系
	人才队伍
	培训开发
企业文化	文化理念
	员工意识
	文化建设
	领导风格
	员工满意度
流程与制度	流程运营
	制度建设

　　当然，以上维度只是示例。要找到合适的一级维度、二级维度、三级维度甚至四级维度，并在不同维度下配套相应的内涵解释和诊断目的，方便诊断锚定。在构建整体诊断体系时，要有对组织整体的判断，也可以根据组织模型的思路，从中抽取要素，设计自身的诊断模型，如表 11-2 所示。

表 11-2　组织诊断模型示例

战略意图：我们希望达到什么目标？
战略：计划、聚焦点、驱动力 外部环境：法规、经济 客户：细分市场、价值创造 财务：财务指标、投资回报、价值增值 核心能力：技术

共享心智：我们希望客户如何看待我们？			
支柱 1：胜任力	支柱 2：绩效	支柱 3：治理	支柱 4：变革能力
为了实现战略，我们需要哪些胜任力？	为了实现战略，我们需要什么样的标准和结果？	为了实现战略，我们需要什么样的组织？	为了实现战略，我们有没有能力运作相应的工作流程并变革？
人员配置：什么样的人被雇用了？什么样的人晋升了？什么样的人解聘了？培养发展：我们培训什么？我们提供哪些可选的人员培养发展方案？	评估：组织内部针对部门、小组和个人的绩效标准是什么？员工绩效反馈的机制是怎样的？确保评估准确、有价值、有效的流程有哪些？报酬：达到业绩标准后的经济性和非经济性目标是什么？薪酬体系如何确保激励个人朝正确的方向努力？	组织设计：组织形式是怎样的？我们如何做出适当的决策？政策：我们有哪些政策？沟通：组织内部的哪些信息应该与谁共享？谁应该分享或接收信息？我们应该使用什么样的机制来促进信息共享？	工作流程优化：我们应该采取哪些行动方案以确保管理流程运作得当？变革流程：什么样的关键流程能够支持变革？通过学习推进变革：我们如何超越组织界限分享观点并学习？
领导力：我们的企业战略需要什么样的领导力品质？			

　　诊断的维度如何选择？从企业自身的特点出发，从已知的企业系统维度出发，从我们想要实现的目标出发，就可挑选出合适的维度。之后，对维度进行定义，确定维度的评价方式，就可以设计一套个性化的诊断模型了。

三、诊断五部曲之二：优选方法

诊断模型确定之后，就要选择方法。从实践经验来看，过去常用的问卷法有简便、快捷、成本低、诊断人员上手快的优点，但是也会出现误差、信息失真。建议综合使用多种方法，如问卷法、资料梳理法、访谈法、专家会议法等。

1. 问卷法

7S、Q12、ETA 问卷都是结构化问卷，以 5 分法来针对不同维度的问题进行信息的捕捉和收集。具体维度要根据调研的目的来构建，比如前文提到的愿景、战略、组织运行、人力资源体系、企业文化、流程与制度等维度。需要注意的是，在设计问卷时，要从调研针对度、企业适应度、人员理解度三方面来思考。

调研针对度主要是以始为终，从问题导向出发思考：具体要调研哪些方面的问题？这些问题表现出的现象和特征是什么？如何有效发问才能真正捕捉到有效的信息？这些问题的答案分别代表什么含义？应该如何理解问题并分析判断问题？带着以上困惑调研，设计的问卷会更有的放矢。

企业适应度主要是指符合企业现状，如果是关于战略方面的调研，不单单要从行业、趋势、客户、政策、市场、对手等方面着手，更要从自身着手，如图 11 - 1 所示。比如战略诊断，不同规模企业关注的战略视角必然有极大差异。针对成熟型业务和新兴型业务，其组织活力的关注点也有所差异。诊断时，适合企业的方法才是最好的。

二、业务

第 12 题　您认为在"AAAA"战略下，BB 公司的业务应该有　　　[多选题]

选项	小计	比例
输配电业务	384	79.5%
售电业务	392	81.16%
电子商务	291	60.25%
综合能源业务	374	77.43%
电力解决方案	347	71.84%
金融业务	166	34.37%
大数据业务	307	63.56%
其他	13	2.69%
本题有效填写人次	483	

图 11 - 1　战略方面调研示例

人员理解度是指，在开发问题时，要用员工能够理解的文字和观点来表述，太复杂的逻辑和太理论的文字容易产生歧义。

问卷包括结构化问卷和半结构化问卷，其中半结构化问卷除了选择题之外，还包括一些主观题。半结构化问卷的问题设计得好，能够更有效地捕捉信息。表 11 - 3 为主观题示例。

表 11 - 3　主观题示例

问题 1：基于您的工作岗位，谈谈对公司实施"××战略"的认识。
问题 2：您认为在本区域内开展 ×× 业务遇到的问题主要有哪些？
问题 3：基于您的经验，谈谈对公司开拓新业务领域的看法。
问题 4：关于公司组织、管控、流程、人力资源方面，您是否有更好的建议？
…………

开放性的主观题能够捕捉到更加有效的信息，对组织诊断更有价值，更有意义。

2. 资料梳理法

无论哪个模块的诊断，发起方都应是熟悉这个模块的技术专家和内部专家。在设计问卷时，如果有不熟悉的业务领域，应快速列出资料清单，梳理相应的知识要点，以便掌握要诊断的模块或组织的全貌。

我们做咨询时，第一件事就是列出资料清单，表 11-4 是一个示例。

表 11-4 资料清单示例

```
1. 战略规划报告；
2. 2019 年工作总结；
3. 2020 年发展规划；
4. 2019 年人力资源工作总结；
5. 2020 年各部门工作计划；
6. 组织结构图与关键职责；
7. 薪酬管理体系相关材料；
8. 绩效管理体系相关材料；
9. 公司、部门、个人经营责任合同；
10. 员工花名册；
…………
```

外部资料的价值在于快速了解行业和业务，能够在诊断时跳出管理视角，从企业经营和发展的逻辑思考如何配套管理手段，推动组织变革。内部资料的价值在于组织全景扫描，就像"组织病历卡"一样，快速了解模块运行全貌。

3. 访谈法

诊断是为了快速、深刻、全面了解组织，所以首先要掌握足够多的信息，问卷调查和资料梳理有利于掌握书面的信息，但员工的真实感受还是需要面对面的沟通。

访谈前，要准备好访谈提纲。设计访谈提纲，要在结构化认知背景下提出访谈维度，这有利于快速了解信息。针对要调研的内容，设计差异化的访谈提纲，针对不同部门、不同层级的员工的访谈提纲也应有所差异。访谈提纲示例见表 11 - 5。

表 11 - 5　访谈提纲示例

一、战略目标差距分析

1. 您是否了解集团的战略目标？是否了解所在事业部的具体目标？

2. 您认为集团的目标能否实现？如果能实现，应采取什么方式？

3. 您认为目前制约集团战略成长的最重要的三个问题是什么？

二、行业维度分析

1. 您在推进业务时会受到哪些政策的影响？

2. 您所在的行业里，最近技术发生了哪些显著的变化？

3. 这个行业的价值链发生了什么变化？利润区在向哪个地方趋近？

三、客户维度分析

1. 您认为客户的诉求是什么？近期是否发生过重大变化？

2. 您服务的客户都有哪些？他们的特征和画像是什么样的？

3. 客户的购买决策链条是什么？在哪个环节存在不足？

四、组织维度分析

1. 组织结构是否能够支撑新老业务的全面发展？应该如何优化？

2. 组织内部运行效率如何？存在哪些弊端？

…………

访谈时，务必让被访者打开心扉，畅所欲言，所以在访谈人员、访谈环境、访谈环节、访谈技巧方面要格外注意。一个合格的访谈者，应该是一流的交流和沟通大师，能够让不愿意沟通的对象知无不言，能够让心存芥蒂的对象言无不尽。

访谈时，尽量不要录音，做好文字记录，同时不应让被访者签字。访谈信息要采取无记名方式编码，整理后进行信息抽取，以备后续发现问题、提出解决方案时使用。

访谈后要及时进行信息整理，从有价值的访谈中能够捕捉到很多问卷调查得不到的真实想法。

4. 专家会议法

专家会议法也称专家座谈法，是指由拥有较丰富知识和经验的人员组成专家小组进行座谈讨论，互相启发，集思广益，最终形成结果的方法。

在进行组织诊断时，专家会议有三种组织方式：头脑风暴法、交锋式会议法、混合式会议法。头脑风暴法鼓励专家独立、任意发表意见，没有批评或评论，以激发创造性思维。交锋式会议法需要围绕一个主题，与会人员各自发表意见，充分讨论后达成共识。企业在进行组织诊断时，一般将两种方式相结合。

以专家会议法开展组织诊断时，要提前将通过问卷调查、资料梳理、访谈获得的信息交给专家，以便其深入探讨和交流。

专家又有内部专家和外部专家之分，根据讨论议题，可组织多次会议研讨，直至形成诊断观点。

四、诊断五部曲之三：过程把控

在诊断过程中，要做好项目计划，做好过程把控。过程把控一般采取项目管理的方式。

项目管理一般要关注以下方面。

● 项目组成员：要明确诊断项目的名称、赞助人、项目经理及成员。除了格外关注项目赞助人和项目经理，还要明确项目组成员的职责、参与时间、工作量以及主管领导的授权等。

● 项目任务书：任务书要明确项目背景与目的，在此基础上提出项目目标，制定项目里程碑计划。为了激励和约束项目组成员，还要有明确的项目标准，同时明确项目主要利益相关者。

● 项目 WBS 表：将诊断项目分解为工作任务、工作活动，并明确责任人。

● 项目进度计划表：利用甘特图编制项目进度表，一般按周和天编制，将责任人和关键里程碑同时在进度表中标明。

● 项目风险管理表：针对项目运行中的风险提前做好预判，并针对高风险、中风险、低风险制定相应的风险响应计划，明确相应的责任人，以备不时之需。

● 项目沟通计划表：制定具体的项目沟通计划，明确利益相关者、沟通所需信息、频率、方法、责任人等。

● 项目会议纪要：形成明确的项目会议纪要体系，包括会议时间、地点、参与人等基本信息，同时包括会议目标、发放材料、发言记录、会议决议、会议纪要发放范围等内容。

● 项目状态报告表：明确项目任务，以及本周期内项目主要活动、下一个汇报周期内的活动计划、活动中的问题及求助计划等。

● 项目变更管理表：项目推进过程中可能会出现变化，项目的变更记录中应包括请求变更的信息、影响分析、变更审批结果等要点。

● 项目总结表：项目完成后，要编制项目总结表，包括时间、成本、交付结果等维度的总结，同时包括项目经验和教训的总结，便于后续提升项目管理水平。

做好项目管理，就做好了组织诊断的项目把控。

五、诊断五部曲之四：形成报告

诊断之后要形成诊断报告，并将诊断报告提交由高管组成的委员会进行讨论，如果诊断报告得到认可，还需要进一步提出组织变革方案。

一份好的诊断报告要具备结构合理、逻辑清晰、观点明确、论据充实等特征。

诊断报告既要有全科诊断，也要有局部扫描。可以参考战略空间、资本、技术、品牌、客户需求、价值生态、组织、文化、人才、业务模式等整体性要素，细化各模块，例如人力资源模块可细化为组织结构、岗位、薪酬、绩效、招聘、培训、领导力、文化等不同模块。

ODer 进行组织诊断的目的就是让高管层快速了解企业发展现状，思考如何推动下一步的变革，所以诊断报告逻辑要清晰，观点要明确，论据要充实。

六、诊断五部曲之五：改进方案

诊断只是手段，改进才是目的，所以诊断报告达成共识后，要有针对性地提出改进方案。不同模块的改进思路差异较大，这里不详细阐述。给大家展示一个案例。

1997 年西方圣诞节前一周，任正非带队考察 IBM，IBM 高层用整整一天时间，从产品预研到项目管理、从生产流程到项目寿命终结的投资评审做了极为详尽的介绍。

任正非对 IBM 这样的大型公司的高效管理和快速反应有了新的了解，对华为存在的缺陷以及如何在扩张过程中解决管理不善、效率低下和浪费严重等问题有了新的认识。华为要像 IBM 一样强大，必须拜 IBM 为师，不惜一切代价将其管理精髓移植到华为身上。

圣诞节期间，任正非一行在一家小旅馆里，三天没出门，开了一个工作会议，消化访问笔记，整理出一厚叠简报带回国内传达。在这次内部会议上，任正非得出结论：企业缩小规模就会失去竞争力，扩大规模，不能有效管理，又面临死亡，只有加强管理与服务，才有可能生存下去。

于是，任正非决定同 IBM 开展合作。1998 年 8 月 10 日，他召开了上百位副总裁和总监级干部参加的管理会议，宣布华为与 IBM 合作的 IT 策略与规划项目正式启动，内容包括华为未来 3～5 年向世界级企业转型所需开展的 IPD（集成产品开发）、ISC（集成供应链）、IT 系统重整、财务四统一等 8 个管理变革项目。

会上，任正非宣布了以孙亚芳为总指挥、郭平任副组长的变革领导小组的成员名单，同时宣布了由研发、市场、生产、财务等部门富有经验的 300 多名业务骨干组成的管理工程部的干部任命，全力以赴配合 IBM 顾问的各项工作。

IPD 实施以后，华为的 M800 移动交换系统，开发周期缩短了 50%，研发费用减少了 40%，产品稳定周期加快。华为 3Com 产品的开发周期缩短 50%，产品的不稳定性降低 2/3。华为逐渐建立起世界级的研发管理体系，形成了强大的研发能力。

真正按照五部曲开展诊断，就为后续的 OD 开了一个好头，成功的诊断是变革的一半。

第 12 章

OD 起手式：战略澄清与解码

战略是一种选择，是五看三定之后基于全景扫描而明确的企业发展方向和机会。战略是一种模式，是基于客户需求和价值增值的商业模式和发展模式的设计。战略是一种能力，是企业独有的创造价值和持续经营的能力。战略是一种共识，是利出一孔、力出一孔的方向选择。战略是一种变革与调整，要随时根据内外部环境变化动态调整。战略是一种执行，战略目标的实现比战略目标更有价值。

作为 Oder，不一定要成为战略高手，但是至少要有对战略的思考和对行业、业务及客户的洞察，才能带领高管、业务部门走出 OD 的迷雾，实现战略、组织、人才、文化、机制的系统联动。

关于战略的概念有很多种，想要做好 OD，既要懂战略，又不能陷入战略管理的细枝末节，所以要从体系的角度思考战略的价值。以下几个步骤体现了战略对于 OD 的价值。

● 战略洞察：选择大于努力，大产业成就大企业，大市场孕育大机会，战略洞察的目的就在于帮助企业寻找机会。

● 战略规划：找到机会后，有多种实现战略目标的模式和路径，所以要增加战略选择，实现多模式多目标多备选。

● 战略澄清：资源要投放在关键竞争点上，所以要在战略规划的多模式下找到一条适合自身发展的路径，从多种选择中找到一条共识之路。

● 战略解码：战略机会靠洞察，战略目标靠规划，战略确定靠澄清，战略实现靠解码。寻找战略路径，明确关键任务，确定各自职责和分工，能够有效落实战略责任。

● 战略资源：兵马未动粮草先行，战略目标明确后，要建立预算和报告体系，明确目标、人财物资源配置，提升组织能力，确保合适的资源出现在准确的位置。

● 战略运营：建立例行的战略运行体系，从经营计划到日常执行，从过程分析到结果复盘，从战略评价到战略提升。

一、战略洞察：五看三定找机会

战略洞察，先从差距分析开始，差距分析主要关注业绩差距与机会差距。无论是业绩差距还是机会差距，都是找到对现状不满意的地方，比较目标和现状来确定差距。

差距明确之后，要进行市场洞察，市场洞察的价值在于找准自己的定位。可从五看三定入手，通过看趋势、看行业、看客户、看竞争、看自己，确定企业战略思路，为战略意图定控制点、定目标、定策略。

战略洞察维度及方向如表 12 - 1 所示。

表 12 - 1　战略洞察维度及方向

洞察维度	洞察方向
看趋势	政策趋势、技术趋势、经济发展趋势、经营管理方式趋势
看行业	行业空间与规模、行业政策趋势、行业技术趋势、产业链发展趋势
看客户	客户需求的变化、客户决策链的变化、客户价值链的变化、渠道的变化、市场的变化
看竞争	竞争格局分析、替代品分析、竞争对手分析、潜在进入者分析、供应商分析、购买者分析
看自己	组织诊断、商业模式、核心竞争力、系统五角

通过企业所处环境的全景扫描，寻找战略机会点和机会窗机会点，就可以确定企业的初步战略思路。机会点也可以分为客户机会、产品机会、技术机会、市场机会、模式机会等维度，示例如表 12 - 2 所示。

表 12 - 2　机会点维度示例

维度	关注点	举例
客户机会	● 客户未被满足的痛点 ● 客户的潜在需求 ● 客户经常吐槽的槽点	客户对培训效果始终不满意，总觉得培训费用花了，也投入了时间，但是不知道效果如何，这就是一种槽点机会

续表

维度	关注点	举例
产品机会	● 现有产品的改进点 ● 产品升级换代趋势 ● 竞争对手的优势点 ● 可能的替代性产品	5G 时代，短视频兴起，微信忌惮抖音优势，推出视频号，就是从产品端寻找机会；支付宝成为电商交易的支付中心节点，微信推出微信支付，也是在产品端予以应对
技术机会	● 技术多频次应用空间 ● 技术的升级换代趋势 ● 竞争对手的优势点 ● 可替代技术	科大讯飞的人工智能技术可以用于语音识别、智慧政务、智慧校园等不同的应用场景；华为 5G 取得重大技术突破，也实现了市场的突破
市场机会	● 未开拓的优势行业 ● 未商用的优势技术 ● 未涉及的市场领域 ● 可涨价的产品方案 ● 能裂变的营销模式	华为过去免费帮客户进行运维，后来发现运维也是可以收费的项目，拓展了市场机会；拼多多采用社群裂变的营销方式，迅速借助微信打开了成长空间；华为手机从信号测试终端成为独立 BG，商用了优势技术
模式机会	● 产业链的拓展和延伸 ● 商业模式的转型突破 ● 市场模式的迭代升级 ● 组织模式的系统变革 ● 资金模式的全新优化 ● 管理模式的深化改革	从交易付费改为预付费模式，改为充值卡模式，也是一种战略机会；海尔人单合一模式创新，带来了成长机会；从直销模式走向渠道经销商模式，也可以带来成长机会

环境扫描完之后，通过以上机会点的寻找，总是能够找到可以选择的成长空间。

战略洞察后，可以基于机会点思考：哪些机会有商业可行性？机会点要变为价值，要从客户起步，机会点能为客户提供的价值在什么地方？我们有什么独特优势来为客户提供价值？在商业推进过程中，仅仅是一个额外的需求点，还是可以繁衍成一个成型的商业模式？在推进的过程中，有哪些风险点和控制措施？
思考内容如表 12 - 3 所示。

表 12 - 3 战略洞察机会点示例

- 商业可行性
- 客户价值
- 独特优势
- 商业模式
- 风险点及控制措施

通过以上维度的思考，就可以将机会点进一步落实。有了机会，就有了空间，任何一家企业都可能由一项技术、一种产品、一个市场区域开发出一个新的商业模式，甚至新的产业领域。

二、战略规划：多模式多目标多备选

过去谈战略规划，总是认为战略规划就是一种模式的选择，但在实践中，战略洞察的机会是多种多样的。

企业既可以关注客户机会和产品机会的选择，也可以关注技术升级和模式创新，还可以通过市场机会的把握实现战略升级。

过去不能理解"战略在于略"的精髓，现在可能发现，战略洞察后，怕的不是没机会，而是机会太多，所以面对多种机会，可以规划出多条路径。有的公司通过战略洞察可以直接选择一条主航道，但是多数公司缺少战略管理经验和对行业的深刻理解，经常会发现无数个机会、无数条道路、无数种模式，却无法作出选择。

多模式多目标多备选的优点在于能够提供更多可尝试的机会，有更多的成长空间和可能性。所以在战略规划环节，建议先用SWOT模式穷尽可以尝试的战略选择，在战略澄清时再进一步聚焦和明确。

在进行战略规划时，首先要明确客户是谁，我们为客户提供什么样的价值，这些价值如何体现价值主张。可以按照商业画布的方式进行系统的规划，如图 12 - 1 所示。

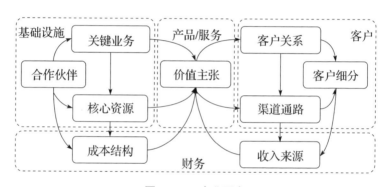

图 12 - 1　商业画布

商业画布主要包括四部分，分别为产品 / 服务、客户、基础设施、财务。

其中，价值主张是对企业的系列产品和服务的总的看法，是企业行业活动的范围边界。

客户细分是经过市场划分后所瞄准的消费者群体，包括直接客户、间接客户，包括多类型产品和服务的客户。

渠道是将企业价值传递至目标客户的各种途径。广义的渠道包括直接渠道和间接渠道，直接渠道又包括直销、渠道商、分销商等多种结构，同时包括线下、线上等各类方式。

客户关系推动需求点和机会点产生，要关注企业与客户之间应该如何建立联系，通过普遍客户关系、关键客户关系、组织客户关系多个层次实现客户合作。

收入和利润是企业存续发展的理由，收入来源描述企业通过各种收入流来创造财务收入和利润的途径。

核心资源是企业赢得竞争的主要优势，也是商业模式所需要的资源和能力，表现为技术、专业、品牌、成本、质量、优势、资本和人才等。

关键业务达成是内部组织高效运转的唯一目标。行业活动通过企业内部的一系列"动作"产生价值，描述行业流程的安排和资源的配置。

合作伙伴是企业价值生态体系的重要组成部分，从价值链走向价值网络，合作伙伴的参与可以不断扩大产业影响力和行业版图。

合理的成本压缩是利润的重要来源，商业模式和企业活动是需要投入的，有限的资源如何合理分配成本结构，如何压缩成本，是企业关注的要点。

利用商业画布策划商业模式，有助于形成系统思考习惯，也有利于在多机会点选择和验证时反复路演。在商业画布描述的过程中，多目标多模式可能就已经被淘汰了。如果有多个战略规划方案得以通过，下一步就要进行战略澄清，从多条路径中找到真正适合自己的那一条。

三、战略澄清：断舍离，成共识

很多成熟型的集团公司战略方向是明确的，进行战略规划只需要确定经营目标和里程碑节点目标即可，但是面临重大抉择时，集团公司也会陷入"战略摇摆"的困境之中。

中小企业更甚，缺乏战略自信，只能不断寻找外部机会，面对机会又缺乏战略定力，无法真正打开市场局面。

所以我们将战略规划与战略澄清区分开，战略规划的主要目标是找方向，找机会，通过商业画布寻找潜在的市场机会和商业空间。战略澄清主要是做选择，通过机会、竞争、能力三个维度来选择是否保留多目标多模式多机会。

战略澄清主要通过共创会的方式进行，如图 12-2 所示，从行业驱动型成长出发思考机会，分为 1、2、3、4、5 五个等级，1代表机会少，5代表机会多。从资源禀赋出发思考竞争力，同样分为 1、2、3、4、5 五个等级，1代表竞争力弱，5代表竞争力强。从行业威胁出发思考竞争壁垒，分为 -5、-4、-3、-2、-1 五个等级，-5代表竞争激烈，-1代表竞争尚可。通过三维的分析，确定不同战略规划（模式、行业、技术、产品等）应该如何取舍。

产品线	机会	竞争	能力	总分
A	1　2　3　4　**5**	**−5**　−4　−3　−2　−1	1　2　3　4　**5**	4
B	1　2　3　4　**5**	−5　−4　**−3**　−2　−1	1　2　**3**　4　5	5
C	1　2　3　**4**　5	**−5**　−4　−3　−2　−1	1　**2**　3　4　5	1
D	1　2　3　**4**　5	−5　**−4**　−3　−2　−1	1　**2**　3　4　5	3
E	1　2　3　**4**　5	−5　**−4**　−3　−2　−1	1　**2**　3　4　5	2
F	1　2　**3**　4　5	−5　**−4**　−3　−2　−1	1　**2**　3　4　5	1

图 12－2　战略澄清示例

经过不同行业、技术模式、产品模式的捉对路演，可以得出不同战略规划在机会、竞争、能力等维度的综合战略禀赋，也就有了战略取舍的基础。当然，战略澄清的价值不在于上图，而在于高管及核心团队在共创过程中达成了共识，统一了方向。有了统一的方向，明确了路径，所有资源得以配置，就有可能在市场上找到一个突破口。

明确了战略共识后，下一步就要进行战略解码，真正将战略落实到日常工作中。

四、战略解码：找路径，定任务，明分工

战略解码就是找路径。华为在战略规划明确后，根据业务设计明确相应的关键任务，采用 CSF（critical success factors，关键成功因素），明确关键举措。在解码时，采取以下几个步骤：分解战

略成功路径；明确关键控制点；重点工作项目化管理；配套相应绩效考核体系。图 12 - 3 为华为路径示例。

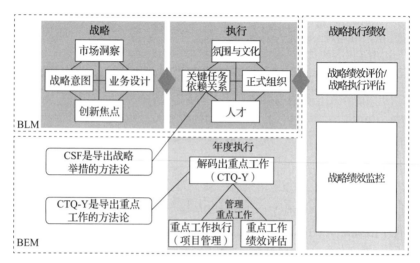

图 12 - 3　华为路径示例

1. 分解战略成功路径，导出 KPI

分解战略成功路径，主要采取 CSF 的方式，CSF 是为了达成企业愿景和战略目标，需组织重点管理以确保竞争优势的差别化核心要素，CSF 最后要以导出 KPI（key performance indicator，关键绩效指标）为阶段性节点。

战略成功路径的分解维度可以参照平衡计分卡的四个维度，如表 12 - 4 所示，也可以按照企业自身的经营管理重心来确定。腾讯早期的战略定位是"最具影响力的网络媒体"，基于这样的定位，在访问量领先、内容质量业内领先、领先的行业影响力、实现商业价值四个维度确定了 CSF，并进一步细化，如图 12 - 4 所示。细化之后的 CSF，就是可以用来做日常考核的 KPI。

表 12 - 4　寻找 CSF 示例

维度	关键因素
财务	企业价值增大、利润最大化、销售增大、成本降低、资产利用率最大
客户	市场份额提升、产品价值最大化、提升品牌形象、构建与客户的亲密关系、品质提升
内部流程	开发符合客户需求的新产品、建立高品质柔性的市场机制、采购流程效率化、交期管理改善、SCM 优化
学习成长	全球人才培养、构建先进企业文化、知识管理、构建技术壁垒、IT 基础扩大

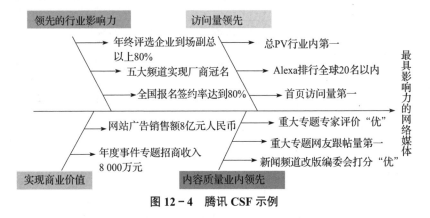

图 12 - 4　腾讯 CSF 示例

图 12 - 4 中的关键点其实就是日常工作的 KPI，例如，"重大专题网友跟帖量第一""网站广告销售额 8 亿元人民币""总 PV 行业内第一"都可以作为企业日常工作的 KPI 指标。

再以华为为例，根据战略方向明确 CSF，根据 CSF 的构成要素提取备选 KPI，如表 12 - 5 所示。

表 12 - 5　华为 CSF 及备选 KPI 示例

战略方向	运营价值	CSF	CSF 构成要素	备选 KPI
有效增长	中国、中东、非洲、南太平洋、西欧服务格局的形成	提升市场价值	匹配客户需求的解决方案	客户需求包满足率
				技术标排名
			专业服务拓展人员到位	专家到位率
			规范项目运作管理	流程符合度
			改善客户关系	客户满意度
				SSPR 完成率
			获取的价值客户合同	签单率
			竞争项目的胜利	战略目标完成率
			价值市场份额提升	价值市场份额比例
			订货增加	订货
			利润改善	毛利率

CSF 会导出多个 KPI，一般选 5 ～ 11 个即可，所以要针对 KPI 进行二次筛选，可从战略相关性、可测量性、可控性、可激发性四个维度入手来选取，如表 12 - 6 所示。

表 12 - 6　KPI 指标选取示例

方向	CSF 构成要素	备选 KPI	战略相关性	可测量性	可控性	可激发性	得分
有效增长	匹配客户需求的解决方案	客户需求包满足率	3	3	3	9	18
		技术标排名	3	3	1	3	10
	专业服务拓展人员到位	专家到位率	1	9	3	3	16

续表

方向	CSF 构成要素	备选 KPI	战略相关性	可测量性	可控性	可激发性	得分
有效增长	规范项目运作管理	流程符合度	1	3	9	3	16
	改善客户关系	客户满意度	1	3	1	3	8
		SSPR 完成率	1	3	9	1	14
	获取的价值客户合同	签单率	3	9	3	3	18
	竞争项目的胜利	战略目标完成率	9	3	3	9	24
	价值市场份额提升	价值市场份额比例	9	3	3	9	24
	订货增加	订货	1	9	3	1	14
	利润改善	毛利率	3	9	3	1	16

2. 明确关键控制点，导出 CTQ-Y

CTQ（critical-to-quality）即品质关键点，是从客户与经营角度对流程或结果提出的关键业务特性，指为了支持战略达成，当年在业务开展过程中需要改进的关键点，以及当年需要重点解决的问题。Y 是 CTQ 的绩效测量指标，通过 Y 就可以知道现有绩效水平，因此可以选定 Y 作为测评 CTQ 的核心指标，并持续做好目标管理。

CSF 主要是偏长期的年度性指标，CTQ 主要是偏短期的指标。CTQ 支持 CSF 目标的达成，但是层次略微低于 CSF。CSF 相对稳定，CTQ 则针对业务短板 / 痛点，每年或每季度都有不同的主题。对两者关系的举例说明如表 12 - 7 所示。

表 12-7 CSF 与 CTQ 关系示例

CSF	餐饮满意度
CTQ-Y1	菜品是否可口、环境是否整洁、卫生是否达标、服务是否满意
CTQ-Y2	菜品温度、菜品分量、菜品颜色搭配、菜品荤素比、菜品价格等

从表 12-7 可以看出，餐饮满意度是核心 KPI，但是受到菜品、环境、卫生、服务等一级维度的影响，为了让菜品令人满意，还必须对温度、分量、颜色、荤素比、价格等多个控制点加以控制，这些控制点就是 CTQ-Y，有了 CTQ，KPI 就落在日常工作中，也就从企业级的战略目标、部门级的 KPI、工作层面的 CTQ、日常重点工作等维度形成战略解码和落地的整体逻辑。

在导出 CTQ 时，主要采取归纳法，通过 CSF/KPI 分析现状与差距，同时收集相关的 VOX（voice of X，某人的声音，即来自各方的反馈，例如 VOC 指来自客户的声音）信息，识别关键问题，结合 CCR（客户关键需求），实现从 CSF 落实到 CTQ。举例如表 12-8 所示。

表 12-8 CTQ-Y 导出示例

输入	CTQ-Y 导出	CTQ-Y 分析	重点工作导出
CSF/VOX	第一层级	分解形成逻辑树	从逻辑树上导出
客户觉得饭菜温度过低，影响口感	饭菜温度保证不低于45°	1- 预打饭变为随时打饭 2- 金属餐盘换为树脂餐盘 3- 餐台做好底部和顶部保温 4- 餐车加入保温设施 5- 大锅炒变为中锅多次炒	1- 打饭工作习惯培训 2- 餐盘更换计划 3- 餐台升级计划 4- 餐车升级计划 5- 菜品烹饪方式优化

分解 CTQ-Y 时，要注意以下几个原则。

● MECE（Mutually Exclusive Collectively Exhaustive，即相互独立，完全穷尽）原则：同一层次的事项没有重复，也没有遗漏。

● 系统性原则：各层级 CTQ-Y 没有逻辑飞跃，有系统因果关系。

● 逻辑树原则：分解是层层递进的。

分解过程如图 12－5 所示。

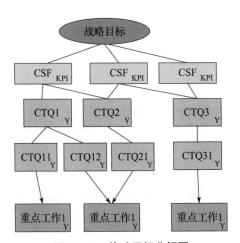

图 12－5　战略目标分解图

当然，研讨会是必不可少的，召开研讨会有利于形成 CTQ，也有利于形成共识，便于战略整体落地。

3. 重点工作项目化管理

明确重点工作之后，可据此开展项目化管理，编制专项行动方案。行动方案一般包括名称、描述、战略目标责任人、对收益

和预期的影响、所需资源概要、行动方案责任人、日期、战略目
标、小组成员和里程碑计划等。如要进行客户满意度调查专项行
动，则要有行动方案。表 12 - 9 为某公司项目任务书。

表 12 - 9　某公司项目任务书

一、项目基本情况			
项目名称	T 客户考察公司	项目编号	T0808
制作人	张三	审核人	李四
项目经理	张三	制作日期	2005-07-08

二、项目描述

1.项目背景与目的（所有的项目均起始于某个商业问题，该部分简要描述
这些问题）
背景：A 国是公司的战略市场，其第二大运营商为 TELECOM 公司，我司
于 2005 年 4 月 5 日正式中标一个 100 万线固网项目（N 项目），该项目在
2005 年 6 月份开始实施，在实施过程中出现了以下三个方面的问题：
（1）延迟交货；
（2）发错货问题严重；
（3）初验测试问题层出不穷，客户开始质疑我司软件版本管理和质量控制能力。
这些问题引起了 TELECOM 高层关注，对以后与我司的合作开始持观望态度。
目的：改善客户关系，重建客户对与我司合作的信心。

2.项目目标（包含质量目标、工期目标、费用目标和交付产品特征与特征
的主要描述）
在 2005 年 7 月 31 日前邀请 TELECOM 公司 CTO 带队到我司考察，打消客
户关于我司供货能力的怀疑，增强客户对我司研发能力、工程管理能力的
信心，项目预算 20 万元。

三、项目里程碑计划（包含里程碑的时间和成果）

7月8日	7月11日	7月14日	7月17日	7月22日	7月25日
成立项目组	递交邀请函	行程确认	启程	考察结束	回访

四、评价标准（说明项目成果在何种情况下将被接受）
CTO 在考察人员之列，考察活动如期成行（7 月底之前）；   考察期间不出现任何内容失误（如没有高层领导接待、样板点无法参观等），后勤失误不超过 1 次（如因车辆、签证等问题导致考察不能完全按照时间表进行）；   客户考察之后消除了疑虑，认可我司的供货、研发和工程管理能力（客户有明确的正面意见反馈），支持我司后续项目实施（N 项目按照双方共同达成的时间表实施）；   考察费用不超过预算（20 万元）。

五、项目假定与约束条件（说明项目的主要假设条件和限制性条件）
假定：（1）客户能成行；（2）我司内部接待资源都能落实；（3）我司以外的接待资源都能获得（如签证、国际机票等）。   约束：（1）客户考察必须在 7 月底之前完成；（2）必须安排客户住在离公司车程半个小时以内的五星级酒店；（3）必须安排公司至少一位对等级别的高层接待。

六、项目主要利益干系人（包括高管、客户、职能部门主管、供应商、项目赞助人、项目经理、项目组成员等）

姓名	类别（加下拉菜单）	部门	职务
李四	项目赞助人	A 国代表处	代表
张三	项目经理	总部 VIP 客户接待策划处	策划经理
王五	项目组成员	A 代表处 T 客户群	客户经理
赵六	项目组成员	总部技术服务部	N 项目接口人
吴丹	项目组成员	总部供应链部	N 项目接口人
刘峰	项目组成员	总部研发部	N 项目接口人
张芳	项目组成员	总部客户工程部	接待经理

行动明确后，要配套相应的项目管理手段，具体形式不予赘述。

4. 配套相应绩效考核体系

有了 CSF—KPI—CTQ—工作计划的传导体系后，战略目标皆可落实。凡事有目标，用数据说话，可有效评价工作的价值。绩效考核就是传统意义上的 PDCA，通过从公司战略到绩效管理，从组织绩效到个人绩效的双循环，实现战略目标，如图 12 - 6 所示。

当然，也可以采用 PBC（personal business commitment，个人绩效承诺书），主要包括业务目标、组织与人员管理、价值观与行为等方面。

● 业务目标。应描述员工的工作目标及方向，不仅要有指标和数据，还需清晰表述组织的期望方向，牵引员工主动设定有挑战性的绩效目标，追求卓越；目标应聚焦主业务，数量以 3 ~ 5 个为宜。

● 组织与人员管理。其内容主要由管理者填写，制定 3 ~ 5 个计划和措施，反映将怎样进行组织建设，如何有效实施团队建设、人员管理、梯队建设等，打造一个持续高绩效的团队。

● 价值观与行为。通过每次的 PBC 制定、绩效评价过程，将公司倡导的价值观和行为传递给每位员工，让员工清晰了解组织的要求，明确哪些行为与公司倡导的一致，哪些是相违背的。员工对照自检，结合岗位实际情况及自身特点确定对自己的具体要求。

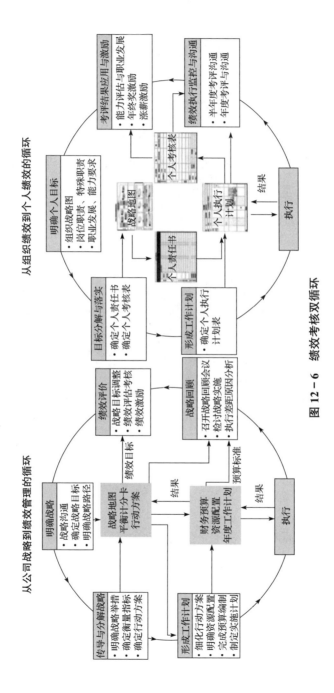

图 12 - 6　绩效考核双循环

五、战略资源：兵马未动粮草先行

兵马未动粮草先行，在落实战略目标和工作计划的过程中，需要配套相应的人力资源、财务资源和物料资源。

人力资源的配套可以通过人才队伍规划的方式进行。通过战略目标的梳理，明确人才队伍的需求，通过供给分析和现状盘点，明确整体人力资源规划，如图 12 - 7 所示。

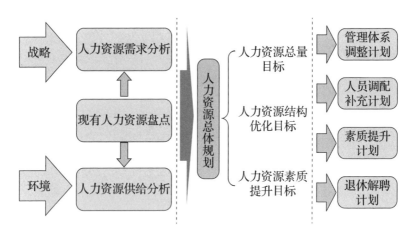

图 12 - 7　人力资源配套过程

财务资源的配套要建立企业内部的预算管理体系，通过战略规划，明确全面预算管理体系，配合工作计划，将经营预算、资本支出预算、财务预算落实到具体任务，确保"不浪费，不缺失"，如图 12 - 8 所示。

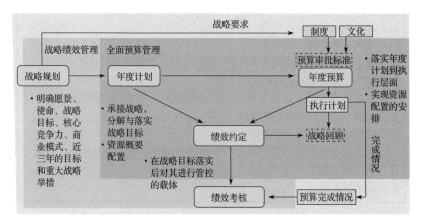

图 12 - 8　财务资源配套过程

物料资源的配套则需要明确的供应链战略计划。

六、战略运营：功夫在日常

功夫在日常，战略规划只是明确目标，实现目标靠的是执行。战略执行的第一步是建立日常的组织经营计划。经营计划可分为业务经营计划和职能经营计划。

业务部门经营计划主要包括的维度如表 12 - 10 所示。

表 12 - 10　业务部门经营计划的维度

业务部门经营计划
1. 部门定位与核心职责
2. 部门本年度关键任务与目标
（1）关键任务可量化指标（可与上年度对比列举）
（2）关键任务分解的子目标以及相应的可量化指标

3.实现任务目标的具体措施
（1）实现任务目标的关键手段
列举相应关键手段实施的背景分析、时间节点、规模和预计收效
（2）实现任务目标需调动的组织资源
列举年度经营工作中可能需要调动的公司财务、人力、物资资源，附上调用资源的原因、时间节点和数额
（3）实现任务目标的关键能力
列举为达成关键任务目标需要进一步加强的团队和个人能力及相应的能力提升建议或计划
4.其他事项及说明

职能部门略有差异，可根据工作特点优化。

日常执行过程中主要是抓落实，要做好过程控制。同时绩效考核作为战略有效传递的工具，需要对此前战略分解的子目标、组织目标和个人目标进行评判，这方面的技术方法较为成熟，此处不做详细讲解。

在年度绩效考核完成之后，要进行相应的经营复盘，通过绩效的改进和提升，实现战略目标。

战略洞察、战略规划、战略澄清、战略解码、战略资源和战略运营构建起一个闭环的战略绩效管理体系，如图 12-9 所示。图中展示了 OD 在战略上需要关注的六大维度以及一些操作要点。

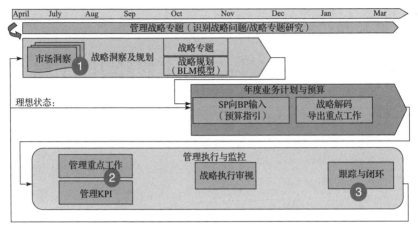

图 12 - 9   战略绩效管理体系

// 第 13 章 //

OD 架构：分工协同与进化

　　战略决定组织，组织影响战略。作为ODer，最基本的技能就是组织结构的优化和调整。OD层面的组织应该包括组织结构、流程梳理和责权手册。

　　组织结构就是通常所说的部门设置和岗位设置，通过分工，明确不同价值段、层次的部门设置。流程梳理主要是为了加强协同，提高不同模块的价值产出。责权手册能够实现责权利能的四位一体，让责任和权力流向应该去的地方。

一、结构调整：分工协同平台化

　　从个体手工业开始，到古典企业、现代企业，再到后现代企业，企业组织结构整体呈现复杂性和多样性的发展态势，有学者按照生产操作层次进化、管理功能进化、功能单元组合方式进化三大类，将组织分为工厂手工业、机械大工业生产、M 型事业部、矩阵结构、项目团队、网络组织等十余种类型。

从企业实际出发，只需把握分工、协同、平台化等组织三要素，就可以成为一个合格甚至优秀的 ODer 了。分工即按照价值链、职能域、业务群、成熟度、管理层次进行部门及结构的切割设计；协同包括组织协同、运行机制协同，同时也分为内部协同和外部协同两大维度；平台化则需要构建内外部赋能平台，实现组织资源效用最大化。

1. 分工：专业提升效率

分工是组织的起源，没有分工就没有专业职能的强化。创业企业的经营和管理规模较小，简单的组织结构就能解决发展问题。随着企业规模不断扩大，战略、研发、生产、销售、市场、财务、行政等各类专业职能需要细化和完备，就需要设置相应的组织结构。

（1）基于价值链分工，设计组织结构

战略、研发、生产、销售、市场、财务、行政等各类职能构成了完整的价值链，企业在进行组织结构设计时，思考的第一个因素就是价值链分工。通过价值链细化和分工，可确定组织结构，如图 13-1 所示。

企业业务性质不同，价值链也有所差异，比如销售类企业的价值链即"进销存"，生产类企业的价值链即"研产销"，金融类

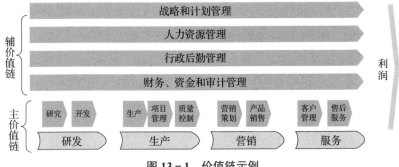

图 13-1 价值链示例

企业的价值链即"融投管退",等等。在设计组织结构时,要将企业内部价值链条梳理明确,根据价值链条,沿专业职能进行划分。

按照价值链划分设计组织结构,首先要明确组织分类。

● 二分法为业务部门和职能部门;

● 三分法为业务部门、业务支持部门、职能部门;

● 四分法为业务部门、业务推进部门、业务支持部门、职能部门。

在进行业务、职能大类的设计后,可根据经营管理对专业职能的要求,进一步细化和完善部门设置。当然,价值链在推进过程中也会遇到一些问题,比如研发部门内部要不要将研究和开发分设部门,市场部门要不要将品牌、市场、销售分割,生产部门内部要不要设计划运营和质量管理部门。这些都需要根据企业实际情况而定。

(2)基于职能域落实,优化组织结构

价值链能解决大块的职责分工,解决"类"的问题,但是具体的部门设置，还需要通过流程和职能域的分类来确定。

流程分析法即在工作流运转的过程中，对输入、过程、产出等明确相关责任主体，将流程职责落实至部门层面。

职能域分解则采取 ETA 问卷的方式，通过对各职能模块的工作进行诊断，思考是否有足够的部门支撑。通过企业经营管理职能的细化，判断是否需要设置专业部门承担职能，抑或在现有部门中加强职能建设。

如图 13-2 所示，首先要明确企业应该有哪些职能域，如经营管理、品牌运营、市场营销……媒体公关等。不同企业的职能重心应该有所侧重，不能完全照搬，但要尽量将需要的职能穷尽。

在基于战略和业务模式梳理职能域之后，将现有部门放入表格内，然后进行职能完善度的对比分析。

一般的等级分解包括职能成熟、大部分职能已建立、部分职能已建立、职能缺失。在进行组织结构设计时，需要重点关注部分职能已建立和职能缺失这两个关键维度。

以图 13-2 为例，市场营销和客户管理两个职能是缺失的，我们就要思考，是否需要独立增设"品牌市场部"和"客户服务部"来履行相应职责。法务管理、企业文化、信息化、媒体公关、质量管理、安全管理、风险控制、研发管理、供应链等部分职能缺失，我们需要思考的是，哪些职能可以在现有部门的基础上加强，增设岗位，明确职责，哪些职能需要独立设置相应部门。

职能	董事会办公室	监事会办公室	审计办公室	总裁办公室	党群办公室	人力资源处	市场与投资处	运营与科技处	财务处
经营管理								☑	
品牌运营				⊙					
市场营销							⊙		
投融资管理							⊙		⊙
投后管理							⊙		
财务管理									☑
法务管理	◉	☑	☑					◉✔	
风险控制					☑				
科研管理									
技术发展								⊙	
质量管理								⊙	
安全管理									
人力资源			☑			☑			
企业文化									
信息化建设								⊙	
媒体公关				◉					

✔ 职能成熟；☑ 大部分职能已建立；⊙ 部分职能已建立；◉ 职能缺失。

图 13-2 职能域分解示意

（3）基于业务群归并，设立子业务单元

经过价值链和职能域分解后，组织结构的雏形基本确定，还需要针对业务进行系统梳理。以华为为例，首先基于职能进行分工，划分为职能管理、供应链、研究、开发、商务、市场等不同模块的大平台。在平台确定后，华为针对业务模式的特点，对运营商 BG（business group，业务集团）、企业 BG、云 BU（business unit，业务单元）和消费者 BG 单独设置部门，如图 13－3 所示。

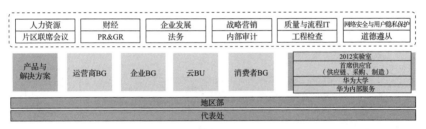

图 13－3　华为内部部门设置示例

企业 BG 内部也有不同的行业解决方案，如公共事业系统部、政府系统部、金融系统部、大企业系统部、商业销售部、交通系统部等。针对不同类型的业务形式，进行组织结构归并。

业务群主要从客户类型、商业模式、技术逻辑、产品等不同维度进行归并。

以客户类型为例，客户可以分为 G 类（政府类）、大 B 类、散 B 类、C 类等不同类型。华为运营商 BG 是按照大 B 类客户划分的，企业 BG 是按照散 B 类客户划分的，消费者 BG 是按照 C 类客户划分的。

商业模式一般有产品销售型、投资型和运营型等类型，不同类型的商业模式下应该有不同的业务单元。

美的在进行事业部改革时，第一次改为家用电器事业部、电机事业部、空调事业部、厨具事业部、压缩机事业部。第二次改革仍然按产品划分事业部，制冷集团下设中央空调事业部、家用空调国内事业部、冰箱事业部、美芝合资公司、空调电机事业部；日用家电集团下设生活电器事业部、微波电器事业部、环境电器事业部和厨卫事业部。2017 年，美的进行平台化改革，设立 12 大事业部，依然以产品为基础划分，如图 13-4 所示。

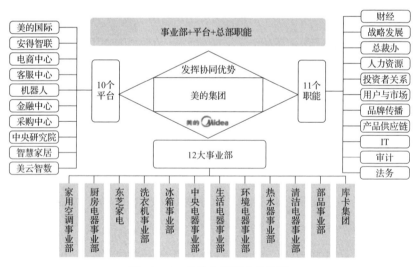

图 13-4　美的集团平台化改革

（4）基于管理成熟度，配套对应结构设计

经营和管理的成熟度也需要在组织结构设计中体现。具备独立生存能力或研产销能够实现闭环的团队，可独立设置经营实体，以事业部、分子公司的方式存在。无法独立生存的，可以以业务部门或孵化团队的方式设置组织结构。如图 13－5 所示。

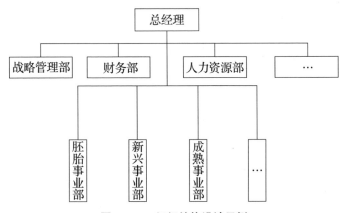

图 13－5　组织结构设计示例

职能较为完善和成熟的，可以独立设置部门；职能尚不够完善和成熟的，可以在其他部门内部设置岗位来承接职能。

（5）基于管理层次，完善分子公司架构

根据不同的管理层次成熟度，可以思考是否以业务部门、事业部、分子公司的形式设置业务单元。事业部、分公司和子公司的区分如表 13－1 所示。

华为过去的运营商 BG、企业 BG 和消费者 BG 都是由总部直接管理，在总体的解决方案、区域组织之下各自开展业务。为了提高消费者 BG 的自主决策权，2019 年，华为在消费者 BG 成立董事会，将经营权下放，允许消费者 BG 自行决定经营发展事

宜，并且可以根据自己的发展模式独立设置区域组织，如图 13 - 6
所示。

表 13 - 1 事业部、分公司与子公司的区分

项目	事业部	分公司	子公司
定义	事业部是集团独立运营的内设机构	分公司是总公司管辖的分支机构	上级单位独资、控股、参股的机构
结构	内部结构，不被法律承认	非真正意义上的公司，无章程	独立公司，独立章程
法人	不具有企业法人资格	不具有企业法人资格，可办理非法人的营业执照	具有企业法人资格
缴税	不涉及法人登记单独缴税问题	在所在地缴纳流转税，所得税则由总公司统一缴纳	独自缴税
权限	经营权限	介于两者之间	所有权限

《公司法》第 14 条第 1 款规定："公司可以设立分公司。设立分公司，应当向公司登记机关申请登记，领取营业执照。分公司不具有法人资质，其民事责任由公司承担。"
《公司法》第 14 条第 2 款规定："公司可以设立子公司，子公司具有法人资格，依法独立承担民事责任。"

图 13 - 6 2019 年华为组织变革

当然，不同的业务单元的设置需要配套不同的责权体系，后面会详细说明。

2. 协同：协作创造价值

分工有利于提升不同职能模块的专业化程度，提高专业问题的解决能力和效率。但组织作为一个整体，要真正产生价值，需要极强的内部协同性。所以在分工确定了组织结构之后，还需要思考如何提高协同性。

矩阵式组织就是协同型组织。华为早期的研发部门采取直线管理，一个项目经理带着几个工程师，技术研发和项目管理都由项目经理负责，项目的成败在于项目经理的能力和经验。华为初期的研发部门分为中研部、中试部、生产部，如图13-7所示，各部门是交接关系，不是协同关系。整个研发组织处于纯自然状态，管理混乱，浪费严重，问题百出。1995年，华为研发部门采取矩阵式管理，此时体现弱矩阵的特征。

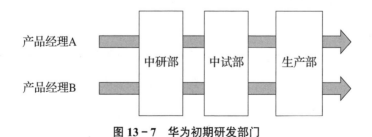

图13-7 华为初期研发部门

2000年以后，职能组织结构变化明显，华为建立起企业管理平台、技术平台、运作支持平台，实行全面的项目管理，建立许多跨部门矩阵式组织，如图 13 - 8 所示。

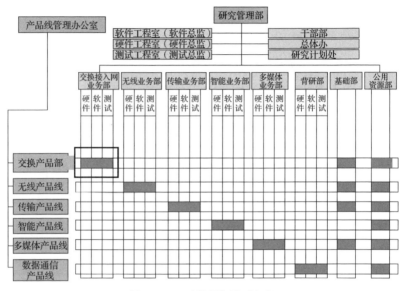

图 13 - 8 跨部门矩阵式组织

竖线分工：面向市场机会点、产品的研发，按业务部划分和命名，如交互接入网业务部、智能业务部，管产品、进度、市场、业务；竖线责任：各业务部对市场成功和生产成功负责。

横线分工：面向技术，做核心技术的积累和研究，做技术管理工作，以"部"或"办"来命名，如总体办、基础部、研究计划处等，管人、物、规划、流程；横线责任：研发支持部门提高研发整体运作效率，降低研发成本，减少研发失误，提高整体人员素质。

提高协同有多种方法，如改善薪酬绩效、流程运转、组织结构、领导分工等，这里只讨论如何在组织结构设计中加强协同作用。

首先，功能型组织要向流程型组织转变，优先以流程推进为各部门和岗位的重心，如图 13－9 所示。

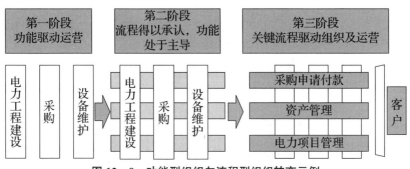

图 13－9　功能型组织向流程型组织转变示例

其次，在关键组织节点，要设计"拧麻花"式的矩阵结构。

以事业部和区域中心混合式矩阵管理模式为例，可以在事业部内部建立行销体系，配合区域中心的营销体系开展工作，如图 13－10 所示。

各事业部设立生产经营部，内部针对不同区域中心设置专职人员，做事业部整体性经营分析、经营拓展、区域对接工作。各专业所正职和副职承担专业所内经营主导责任，承担行销职能，与各办事处、经营部形成混合式营销网络。同时，做实区域中心，渠道线负责在各区域拓展合作方，营销线负责市场推广和活动策划，服务线负责售前售后服务客户，行销线负责专业线技术推介，销售线负责深耕区域客户关系。

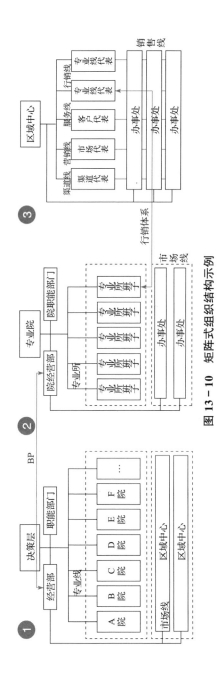

图 13 - 10 矩阵式组织结构示例

我们熟知的人力资源三支柱也能提高业务部门与管理部门的协同性。多职能条线可以强化 BP 的角色，落实管理体系，提高业务部门运营水平和管理效率，也是一种基于岗位的协同运作模式。除了部门协同、岗位协同之外，还有前端业务协同。下面以华为的铁三角为例加以说明（见图 13 - 11）。

图 13 - 11　华为铁三角

华为铁三角核心成员为客户经理、技术专家和交付负责人。

● 客户经理（AR）：相关客户 / 项目（群）铁三角运作、整体规划、客户平台建设、整体客户满意度、经营指标、市场竞争的第一责任人。

● 技术专家 (SR): 客户 / 项目 (群) 整体产品品牌和解决方案的第一责任人, 从解决方案的角度来帮助客户实现商业成功, 对客户群解决方案的业务目标负责。

● 交付负责人 (FR): 客户 / 项目 (群) 整体交付与服务的第一责任人。

围绕铁三角项目小组, 公司内部扩展项目角色成员, 职能部门岗位也可能参与项目推进过程 (包括资金经理 / 信用经理、应收专员、开票专员、税务经理、网规经理、法务专员、公共关系 (PR) 专员、研发经理、营销经理、物流专员、采购履行专员、合同 /PO 专员、综合评审人等), 这种基于项目制的前端业务协同也是组织协同的有效方式。

3. 平台化: 开放赋能数字化

分工和协同能够有效提升专业能力和协作效率, 随着信息化、数字化技术的广泛应用, 企业在进行组织结构设计时也要关注赋能平台的打造。

美的在进行平台化组织变革时, 对于各事业部共用的基础技术或功能, 由总部集中建设平台, 向各事业部提供支持。十大平台分别为美的国际、安得智联、电商中心、客服中心、机器人、金融中心、采购中心、中央研究院、智慧家居、美云智数。十大平台定位于支持部门, 是各事业部可以召唤的帮手, 而不是职能管理或者审批机构。

2018 年 9 月，万科也进行了平台化改造，总部部门全部撤销，成立三大中心，分别是事业发展中心、管理中心、支持中心。其目的就是激发组织活力，激发奋斗者精神。新成立的事业发展中心包含投资、运营、营销、设计等业务，主要是抓生产，如同作战部队。管理中心包括财务、人力、信息化等职能，管钱管人，赋能提质增效，给后勤支援。支持中心主管品牌、法务等职能，就是做服务，敲边鼓，如同摇旗呐喊的啦啦队。其具体模式如图 13 - 12 所示。

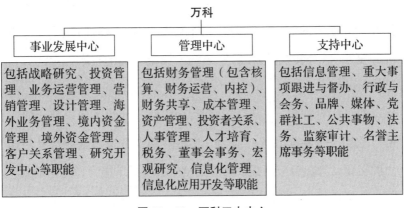

图 13 - 12　万科三大中心

企业打造平台型组织，也是一种组织进化方向。阿里巴巴就打造了业务中台和数据中台两大赋能平台，如图 13 - 13 所示。中台是从多个相似的前台业务应用共享的需求中产生的，因此最先提出的中台是业务中台。

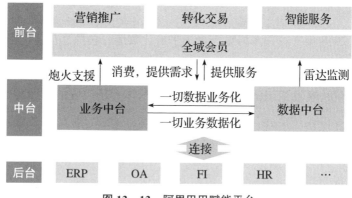

图 13 - 13　阿里巴巴赋能平台

数据是由业务系统产生的，而业务系统也需要数据分析的结果，因此把业务系统的数据存储和计算能力抽离，把单独提供存储和计算能力的数据处理平台叫作数据中台。这就简化了业务系统的复杂性，同时能够让各个系统采用更合适的技术，专注做自己擅长的事。

业务中台抽象、包装和整合后台资源，转化为便于前台使用的可重用、可共享的核心能力，实现后端业务资源到前台易用能力的转化，为前台应用提供强大的"炮火支援"能力，随叫随到。

业务中台的共享服务中心提供统一、标准的数据，减少了系统间交互和团队间协作的成本。

数据中台接入业务中台、后台和其他第三方数据，完成海量数据的存储、清洗、计算、汇总等，构成企业的核心数据能力，为前台基于数据的定制化创新和业务中台基于数据反馈的持续演进提供强大支撑。数据中台为前台战场提供强大的"雷达监测"

能力，实时掌控战场情况，料敌机先。

数据中台所提供的数据处理能力和数据分析产品，不局限于服务业务中台，可以开放给所有业务方使用。

围绕平台型组织，我们提出前端＋中台＋后台的模式，如图 13－14 所示。所有的组织结构进化都要围绕客户，以市场为导向，以客户为中心。前端包括经营性前端、市场性前端以及多元主体构成的生态体，直面客户。中台则直面前端，包括平台和平台型事业部两类，平台又包括业务中台、客户中台、数据中台、技术中台等。后台的价值在于规则治理，主要功能为资源池建设、管控、服务、规则设计等，确保方向明确且一致。平台型组织是开放型组织，与社会开放共享，共建生态，广泛整合资源合作方。

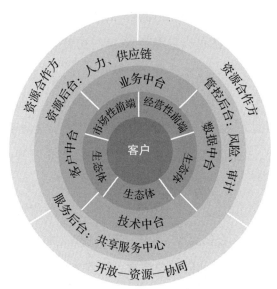

图 13－14　赋能平台搭建示例

分工、协同、搭建赋能平台，组织结构没有固定的模式，适合业务发展，推动战略能力提升的组织模式就是最好的组织模式。

二、流程优化：流程化组织，数字化驱动

分工提升组织效率，通过对组织结构、岗位职责的有效设计，确保战略在组织及个人层面得到有效承接，组织与岗位职责清晰。

基于分工的组织模块只是散落的价值要素，想要真正实现价值，还需要加强协同。单靠职责和文化的协同很难实现真正的协同，所以要对流程与组织有效整合，确保业务在组织间得到有效支撑和高效协作，最终实现面向客户的业务目标。

流程的基本思想可以追溯到 20 世纪初美国的科学管理运动，泰勒提出用科学管理方式代替经验管理方式，在企业内部建立各种明确的规定、条例、标准。让一切工作科学化、制度化，是提高管理效能的关键。不过，当时的科学管理主要局限于生产车间，在动作研究、时间研究和工艺研究的基础上制定规范的工艺流程和操作方法。

在组织结构确定之后，要想创造价值，提升组织竞争力，降低运营成本和风险，还需要关注组织流程的梳理，打造流程化组织。

流程化组织，是面向客户需求，沿着流程来分配权力、资源以及责任的组织，是将流程与组织并联成为战略执行的载体。打

造流程化组织，组织是执行业务的主体，流程是执行业务的规则和路径，IT 则是执行业务的工具。

通常的组织设计是按照职能管控的方式设计的，与流程无关。流程化组织要以客户视角建设和优化流程，用流程驱动公司端到端管理，组织只有在流程中创造价值，才是为顾客创造价值，才可能获得成长的机会，如图 13 - 15 所示。

华为在 1998 年请 IBM 为自己打造 IPD、ISC、IT 系统重整、财务四统一等管理变革项目后，经过 20 年的精雕细琢，在内部形成了 16 条一级流程，并在流程 L1 下细化至流程 L6，其中 L1 ～ L2 流程匹配一二层组织，L3 ～ L4 匹配三层以下组织，L5 ～ L6 则针对岗位和职责进行匹配，如图 13 - 16 所示。

在进行宏观组织匹配时，可以利用 4R 工具，即 AR（accountable responsible，总体责任）、TR（total responsible，全面责任）、PR（partial responsible，部分责任）、CR（customer responsible，客户责任）。

● AR：管理并执行流程，是流程 Owner（掌控者 / 所有者），每个流程有且只能有一个 AR，如流程与内控建设部是 MBP 流程的 Owner。

● TR：执行整个流程或流程的大部分活动，如系统部负责 LTC 流程中收集和生成线索。

● PR：执行部分流程，即流程中的部分活动。如 MBP 流程，总裁办承担 QA 角色，就属于 PR；又如 HR 相关流程，各业务部门属于 PR。

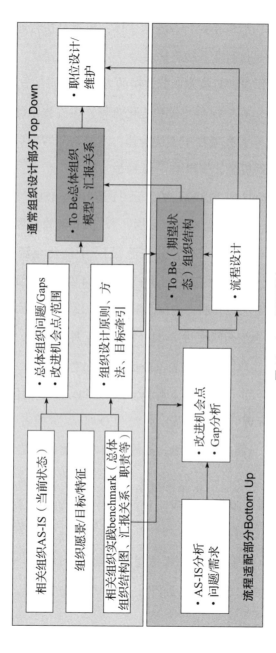

图 13 – 15　组织设计

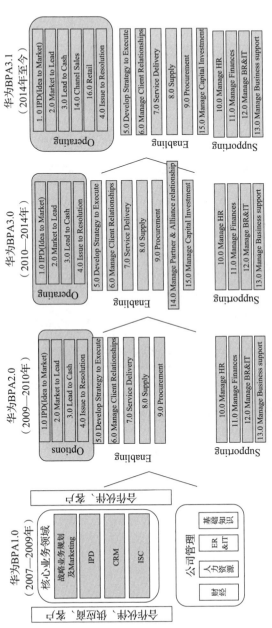

图 13－16　华为流程化组织设计

● CR：执行不同客户与场景下整个流程或大部分活动。如 MBP 流程，流程与内控建设 1 ~ 6 部全部执行，但每个三级部门只是负责对应的客户相关的流程建设职能，属于 CR。

通过 4R 宏观分析，即可明确在流程推进过程中组织结构需要如何调整，应该如何优化，具体如图 13 - 17 所示。

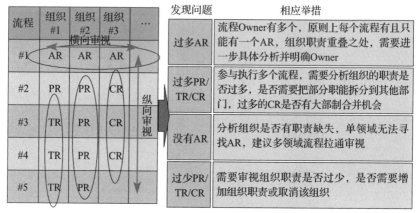

图 13 - 17　依据 4R 宏观分析的组织优化示例

在微观岗位与决策匹配时，可以利用 RACI 工具，R（responsible，负责）、A（accountable，批准）、C（consulted，咨询）、I（informed，告知）。

● R：负责（执行人）。负责完成 / 实施手头任务的个人或小组，即活动的执行者。

● A：批准（责任人）。最终负责、有审批 / 否决权的个人或团队。

● C：咨询（卷入者）。在做出最终决策之前，需要被咨询的个

人和 / 或团队，通常需要双向沟通。

●I：告知（知会者）。在做出决策和采取行动后，应该告知的
个体和 / 或团队，通常仅单向沟通。

通过 RACI 微观分析，可以明确流程角色与岗位匹配的相关
性。具体如图 13 - 18 所示。

流程角色	流程活动	岗位#1	岗位#2	岗位#3		发现问题	相应举措
001	#1	R	A	R		过多R	该个体是否需要执行这么多的活动？是否需要审视参与方的数量是否可以削减？是否需要把部分R职能拆分到其他个体/部门？
002	#2	A	R	A	纵向审视	没有R和A	该组织/岗位是否可以削减？
003	#3	C	R	R		过多A	是否需要考虑职责分离（SOD）原则？对某些活动，是否应有其他个体作为A，以保证有效制衡？该个体是否会成为流程中的瓶颈？是不是所有人都在等着他的决策？
004	#4	C	R	A			
005	#5	I	A	A		能力要求	这些流程角色是否与这个个体的组织能力/岗位能力相匹配？

R：负责　A：批准　C：咨询　I：告知

流程角色	流程活动	岗位#1	岗位#2	岗位#3	发现问题	相应举措
001	#1	I	A	C	横向没有R	该活动的职责能否得到有效履行？（A/C/I的决策都不是执行）
002	#2	R	R	R	横向过多的R	该流程的职责是否重叠？是否会产生流程在不同组织/岗位间来回反复而难以向前推进的状况？需要简化或取消职责吗？
003	#3	R	C	I	横向过少的A和R	如果有很多事后的执行和审批，流程的执行速度和效率必然会下降，该流程活动是否能够精简或合并？
004	#4	C	R	I	斜向过多的R	该流程的交接步骤是否过多？是否会产生信息在不同组织/岗位间相邻的、有紧密输入输出关系的流程角色间传递？是否有合并机会？
005	#5	I	C	R		

图 13 - 18　RACI 微观分析

经过宏观和微观匹配，最后形成基于流程的评审点和手段，决定组织运行中的权力和内控体系，形成《流程角色权力表》《角色岗位匹配表》《岗位人员匹配表》。

建立在流程上的组织体系，面向客户，关注客户的需求和满意度，并且是先梳理流程后匹配组织，连续关注整体目标的实现。

当然，在没有实现流程化组织之前，组织内部也应该配套相应的流程运转和责权体系。

三、责权体系：沿流程与业务授权

架构和结构在组织领域是两个不同的概念。

组织架构是集团与各下属公司之间所确立的管理关系，包括两方面内容，一是组织层级，母子、母子孙或者更多层级；二是组织架构形式，如直线制、分子公司制、事业部制、矩阵制、网络制等。组织结构表明跨层级组织机构的运作关系，其重心在于清晰阐释集团与下属单位的管控关系，涉及每一层级组织内部的部门设置等问题。建好管控体系，主要从以下四个方面着手。

1. 定架构模式

目前组织架构多为以下四种类型，即母 – 分 – 子式、母 – 子 –

孙式、母 - 事 - 子式、混合式，如图 13 - 19 所示。

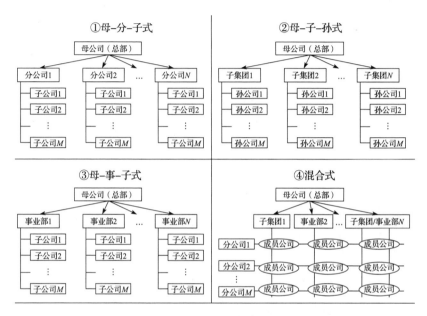

图 13 - 19 组织架构类型

不同层次的功能定位决定了不同层次之间的管控关系。这里主要探讨管控关系，对层级架构不再详述。

2. 定控制模式

一般有四种集团控制模式，分别为财务型管控、战略规划型管控、战略控制型管控和运营型管控，如表 13 - 2 所示。

表 13－2　集团控制模式

控制模式	财务型管控	战略规划型管控	战略控制型管控	运营型管控
总部角色	总部扮演财务投资者角色，集团实现投资组合和风险分散	总部扮演战略投资者角色，集团实现业务组合更新和治理增值	总部扮演战略管理者角色，集团实现业务战略协同和范围经济	总部扮演全面管理者角色，集团实现业务整合和规模经济
控制目的	总部并不关注业务的发展方向和定位，而且要主要控制风险的同时最大化财务收益	不仅获得财务收益，还必须确保业务的战略定位、产业布局，以及对业务发展方向的设定，即总部要在既定的业务领域获取收益	不仅获得财务收益，把握业务战略定位和发展方向，还要对影响业务发展和战略实施的关键事项进行把控，即总部要在既定的业务领域利用可控手段获取收益	不仅对业务的发展方向、战略定位和重大战略实施进行把控，还要对影响业务经营的重要事项进行深度把握，即总部要在既定的业务领域通过精准的业务操控获取收益
决策特征	更多的在治理层面参与决策	更多的影响乃至主导战略性决策	更多的影响乃至主导策略性决策	更多的影响乃至主导重大运营性决策和共性运营性决策
控制手段	更多的在治理文件中体现制度安排	更多的在基本制度（如战略、投资、预算）层面体现制度安排，包括原则、政策、情形设定	更多的在重要业务制度（如核算、合同）层面体现制度安排，允许权属企业结合实际进行制度细化	更多的在共性业务制度层面统一规范

管控关系本质上就是责权关系，分类管控模式的设计主要考虑两大因素六个方面，如表 13－3 所示。

表 13－3　分类管控模式设计考虑因素

	因素	现状分析	管控程度
基础因素	战略重要程度	战略程度高	强管控
	规模与发展阶段	规模较大	强管控
	资源和能力依赖度	依赖度低	弱管控
修正因素	业务成熟度	业务成熟度高	强管控
	管理成熟度	管理基础好	强管控
	其他		

3. 明确管控条线及事项

不同企业的内部业务和管理模式有所差异，在确定管控条线时，先确定一级管控条线，如战略管控、投资管控、人力资源管控、财务管控、企业文化管控、品牌管控、市场经营管控、运营管控、科技质量管控、审计管控、法务与风险管控、信息化管控等。

管控条线确定后，进一步明确企业的重要事项。表 13－4 列出了主要的管控条线及重要事项。

表 13－4　管控条线及重要事项

管控条线	重要事项	管控条线	重要事项
战略管控	战略规划制定与调整	企业文化管控	企业文化发展规划
	战略计划实施监控		企业文化建设方案

续表

管控条线	重要事项	管控条线	重要事项
投资管控	投资计划	品牌管控	品牌发展规划
	投资项目论证与决策		品牌建设方案
	投资后评价		舆情应对方案
人力资源管控	组织结构设置与调整	市场经营管控	经营战略与经营目标
	人力资源规划		年度经营计划与预算
	招聘管理		重大营销推广活动
	人员任免与晋升		大客户开发与管理
	绩效考核		战略联盟合作
	薪酬福利		投标管理
	员工培训	运营管控	年度运营计划
财务管控	预算制定与调整		运营分析与监控
	资金使用计划		组织绩效考核
	费用报销		招标管理
	资产购置计划		分包管理

不同的管控事项在不同的组织要有不同的管控深度。一般可以四种深度来表示：一抓到底、抓两头/控关键、抓两头/放中间、重收益/要结果。

当我们把所有的事项按照实际情况进行管控深度的调整后，就可以形成一张整体管控关系框架表，如表13-5所示。之后就可以不断细化不同模块的权责关系。

表 13 - 5　整体管控关系框架表

管控条线	重要事项	管控深度	管控条线	重要事项	管控深度
战略管控	战略规划制定与调整	●	企业文化管控	企业文化发展规划	◔
	战略计划实施监控	◔		企业文化建设方案	◑
投资管控	投资计划	●	品牌管控	品牌发展规划	◔
	投资项目论证与决策	●		品牌建设方案	◑
	投资后评价	◔		舆情应对方案	◔
人力资源管控	组织结构设置与调整	●	市场经营管控	经营战略与经营目标	●
	人力资源规划	●		年度经营计划与预算	◔
	招聘管理	●		重大营销推广活动	◑
	人员任免与晋升	◔		大客户开发与管理	◔
	绩效考核	◔		战略联盟合作	◔
	薪酬福利	◔		投标管理	◔
	员工培训	◑	运营管控	年度运营计划	◔
财务管控	预算制定与调整	●		运营分析与监控	◔
	资金使用计划	●		组织绩效考核	●
	费用报销	◔		招标管理	◔
	资产购置计划	◔		分包管理	◑

4. 定权责关系

组织结构和管控模式确定后，下一步要明确权责关系。权责关系一般包括七种类型，如表 13 - 6 所示。

表 13 - 6　权责关系类型

类型	定义
提案	提出规划、计划、制度等管理管控事项的初步意见或方案，需报上级机构决策
参与	为主管部门提供相关配合，提供信息及辅助工作或指导，提出相关建议
审核	审查核定相关提案，提出处理意见，并报上级或相关部门审批，重在"核"，即检查、核对是否正确、妥当，必须指出和纠正错误
审议	审查议定相关提案，提出处理意见，并报上级或相关部门审批，重在"议"，一般针对重要管控事项，以会议决议形式体现集体决策结果
审批	对相关提案做出采用或不采用的决策，一般都是终审，有选择决定权，这就意味着即使符合规定条件，也可以不批准
备案	向相关主体报告事由、决定，存案以备查考，即相关主体一方面拥有知情权，另一方面保留问责的权力；备案可分为告知、签字确认两类，具体采取何种备案方式可根据实际情况确定
执行	组织执行经审批后的管理方案、制度或计划

　　结合关键管控事项，明确对应的责任主体和相关的职责权限，当所有的关键管控事项全部梳理完之后，就形成了整个公司的《职责权限表》，以 IT 系统固化后，就形成了组织运转的动力系统，示例如表 13 - 7 所示。

表 13 - 7　权责权限表示例

序号	关键管控事项		责任部门	经营层			决策层
				A 部门	副总裁	总裁	董事长
1	事项 1	分项 1.1		权限 1	权限 2	权限 3	权限 4
2		分项 1.2					
⋮							

如表 13 - 7 所示，所有的职责权限明确后，组织的结构设计、流程梳理等就告一段落，一个完整的组织及运行系统就形成了。经过结构设计，组织就有了骨骼，经过流程设计，组织就有了经络系统，再加上责权体系，完善的组织模式和运行机制就构建起来了。

第 14 章

OD 文化管理：价值信仰落地

ODer 为什么要关注文化？企业文化作为一种群体价值观，是一个企业独特的利益价值取向和行为方式，决定了企业中每一位员工的态度、行为甚至业绩产出。

企业文化就是要告诉员工，应该怎么样，不应该怎么样。员工为了经济上的收益和心理上的效用，按照企业文化的导向进行"角色扮演"，就是体现文化落地和生效的过程。

一、文化常识：什么是文化

文化的定义接近 200 种。从社会视角看，社会文化是组织成员在知识、信仰、艺术、道德、法律等方面达成的共识，以及形成的能力和习惯。从企业视角看，企业文化是在企业成员相互作用的过程中形成的，为大多数成员所认同，用来教育新成员的一套价值体系（包括共同意识、价值观念、职业道德、行为规范和准则等）。

企业文化是什么？企业文化是特殊的做事方式以及这些做事方式背后的价值信仰。价值信仰的核心是企业家和管理团队关于企业如何持续发展的系统思考。

企业文化包括三个结构层次，即理念层、制度层和行为层。具体包括：使命、愿景、核心价值观及其背后隐含的信念和假设系统；由假设系统和核心价值观决定的集体性态度、心理、情感、志趣和行为取向；体现上述价值观、心理态度和行为取向的具象（人物、故事、仪式、标识等）。

二、文化理念：规划的规划

文化理念包括核心理念和支撑理念两个维度。其中，核心理念主要包括使命、愿景、核心价值观等企业整体信念和假设系统；支撑理念包括市场、客户、产品服务、技术研发、生产管理、供应链、质量管理、组织、人才、机制、文化等维度。

文化理念作为规划的规划，指明企业存在的目的和理由、企业未来发展的状态、企业做事的准绳和底线，可以说，有了使命、愿景、价值观，才有企业的战略目标和具体执行路径。

1. 使命是什么

使命是公司存在的价值和意义，是企业存在的目的和理由，确定企业使命是制定企业战略目标的前提，是战略方案制定和选

择的依据，是企业分配资源的基础。确定公司使命，是为了在更
广阔的领域寻找自身价值。

确定公司使命时，需要回答以下问题：

● 公司存在的目的是什么？我们为什么办这个企业？公司存在
的理由是什么？

● 公司的业务是什么？谁是我们的顾客？我们为顾客提供什么
产品和服务？为顾客创造什么独特价值？

● 公司的业务范围是什么？我们从事的领域是什么？在这个领
域内我们要处于什么样的地位？

● 公司要走向哪里？我们期望公司未来是什么样的？

公司使命由企业家、高管团队、核心骨干通过研讨共同确定，
包括以下要素：用户、产品和服务、市场、技术、对成长的认识、
理念、自我确定的特点与优势、公众政策、对员工和利益相关者
的关心等。

确定使命时，首先要明确企业的终极目标与追求，阐明企业
的经营目的、市场和用户；其次要明确通过什么提供价值；最后
在表达方式上要与众不同，易于理解，同时体现公司的行业与文
化风格。使命案例如下。

| 洞　见 |

使命案例

1. 小米：始终坚持做"感动人心、价格厚道"的好产品，让

全球每个人都能享受科技带来的美好生活。

2. 腾讯：用户为本，科技向善。

3. 阿里巴巴：让天下没有难做的生意。

4. 华为：把数字世界带入每个人、每个家庭、每个组织，构建万物互联的智能世界。

5. 京东：技术为本，致力于更高效和可持续的世界。

2. 愿景是什么

愿景是一个鼓舞人心的状态，是希望公司发展成的样子，可以在一个特定时期内实现，用以给员工方向感和目标感。

共同愿景是组织所有成员所认同的一种关于组织未来发展的蓝图和景象。一个组织的愿景旨在规划未来 20 年左右的发展方向。

愿景是战略与文化的交叉。战略最重要的是指明方向，这个方向从长远看是愿景。文化的核心是价值观，这个价值观从某个角度看就是愿景，它告诉组织成员"组织应该成为什么"。

组织愿景是组织的梦想，这种梦想通常会使人感到不可思议，但又会不由自主地被它的力量感染。

愿景的力量在于它处于可实现又很难实现的模糊状态，它既是宏伟的又是激动人心的。因此领导要关注的是组织愿景能否经常让你热血沸腾；能否经常让你为它彻夜难眠；能否让你有一种热情、一股冲动，想将它与员工分享。

愿景＝核心思想＋设想的未来。确定公司愿景时，需要回答以下问题：

- 核心价值观是什么？公司坚持不变的指导原则是什么？
- 令人振奋的宏伟目标是什么？为了什么而投入最大的努力？
- 未来公司是什么样子？与利益相关者的长期利益如何捆绑？
- 公司切实可行的、能实现的目标是什么？
- 如何让别人在一分钟内了解公司要做什么？
- 公司的核心思想和设想的未来是什么样的？

愿景案例如下。

| 洞　见 |

愿景案例

1. 小米：和用户交朋友，做用户心中最酷的公司。

2. 腾讯：用户为本，科技向善。

3. 阿里巴巴：我们不追求大，不追求强，我们追求成为一家活102年的好公司，到2036年，服务20亿消费者，创造1亿就业机会，帮助1000万家中小企业盈利。

4. 华为：共建更美好的全联接世界。

5. 京东：成为全球最值得信赖的企业。

3. 核心价值观是什么

核心价值观是企业运行中的是非判断标准，是每个成员应该遵循的行为准则。核心价值观是解决矛盾和冲突的基本准绳，是企业对客户、市场、员工等利益相关方的看法或态度，是企业生存和发展的立场。

核心价值观是一种态度，是面临选择时表现的独特气质。确定企业核心价值观时，需要回答以下问题：

- 面对客户时，我们秉承的态度是什么？
- 组织协同时，我们秉承的态度是什么？
- 日常工作中，我们秉承的态度是什么？
- 团队工作中，我们秉承的态度是什么？
- 个人工作时，我们秉承的态度是什么？
- 冲突诱惑时，我们秉承的态度是什么？
- 最优实践、行业标杆给我们带来什么影响？

价值观案例如下。

|洞　见|

价值观案例

1. 小米：真诚、热爱。

2. 腾讯：正直、进取、协作、创造。

3. 阿里巴巴：客户第一、团队合作、拥抱变化、诚信、激情、敬业。

4. 华为：成就客户、艰苦奋斗、自我批判、开放进取、至诚守信、团队合作。

5. 京东：客户为先、诚信、协作、感恩、拼搏、担当。

4. 基本经营理念

使命、愿景、价值观、事业理论、经营理念、管理理念，是企业对于未来发展的系统思考。通过研讨营、座谈会等方式，企业统一共识，明确方向。

基本经营理念同商业模式、日常运营和管理息息相关。

企业确定经营理念其实就是要回答如下问题：

- 为谁创造价值？
- 如何创造价值？
- 如何高效创造价值？
- 价值要素如何最大化激发？
- 如何提升效率？

经营理念案例如下。

|洞　见|

经营理念案例

1. 微软："顺我者昌，逆我者亡"的技术垄断思维。

2. TCL：以速度抗击规模。

3. 沃尔玛：天天平价，保证满意。

4. 西南航空：航班公交化。

5. 京东零售：以信赖为基础、以客户为中心的价值创造。

6. 华侨城：规划就是财富，环境就是资本，结构就是效益，知识就是优势，激活就是价值，创新就是未来。

通过使命、愿景、核心价值观、经营理念的梳理，企业发展的整体方向就确定了，规划的规划确定后，战略规划解决成长和发展的问题，人力资源规划解决人才的问题，财务规划解决财务和资本的问题，各个专业模块要构建管理体系支撑企业文化理念。企业文化想要落地，就要从文化传导机制和文化日常实施等维度建立体系。

三、文化管理：四位一体建机制

发展文化一定要有规划、设计和操作的思路，规划是整体思考和系统设计，设计是分专业、分模块的细化和完善，操作则是日常的运营和文化动作。

在设计层面，可以关注四个方面：行为体系、荣誉体系、案例集、文化审视活动。

● 行为体系：行为最能直接反映态度和价值观的维度，在明确文化理念后，细分不同场景下的行为准则，配套行为绩效考核体系，奖优惩劣，提升队伍凝聚力和战斗力。

● 荣誉体系：榜样的力量是无穷的，业绩、态度、创新、团队等多维度构建荣誉体系，评选荣誉奖项，树立标杆典范，激发比学赶帮超的热情。

● 案例集：有文化导向，有价值观行为体系，有荣誉体系，找到最美文化标兵，树立标杆和榜样，形成优秀事迹案例集，引领并激发全员拼搏奋斗激情，践行价值观。

● 文化审视活动：通过宣誓大会、总结大会、标杆学习等方式，进行组织、思想和行为层面的深刻反思，进行文化反思、文化涤荡，成就客户，成就组织，成就自我。

1. 行为体系设计要点

行为体系包括两个模块，即行为规范和价值观评价。行为规范是基于价值观细化的日常工作中的行为要点，价值观评价是基于行为锚定的态度评价体系。

行为规范是一些口语性的文字，背后是有框架的，不同的框架代表不同的场景，行为规范就是在这个场景之下需要表现的言行举止和思想活动。

一般的框架包括三个大的维度，即客户价值、组织价值和个人价值。

● 客户价值：当我们面对客户时，做出哪些行为才符合客户价值至上原则和核心价值观？

● 组织价值：在组织内部运行中，当我们创造绩效时、团队合作时、队伍建设时应该展现何种行为特质？

● 个人价值：当我们履行公民行为、践行核心价值观时，应该展现何种行为特质？

行为规范的框架是分层分类的，分类即客户价值、组织价值和个人价值的区别，分层即高管层、管理层和员工层的区分。例如，同是"以客户为中心"的价值观，高管、管理者、员工的行为规范就有所差异。

|洞　见|

不同层次同一维度的行为规范——以客户为中心

1. 高管层——成就他人：成就客户，共创未来，引领行业发展。

2. 管理层——客户为先：客户第一，客户利益最大化。

3. 员工层——客户意识：站在客户角度，为客户多想一步。

行为规范要产生心理锚定，必须让所有人理解、接受并认可，要采取多轮研讨沟通的方式，通过 1.0—2.0—3.0—4.0 的方式，最终形成共识。行为规范的科学性和认可度要兼顾，如有顺序，一定优先考虑认可度。

好的行为规范 = 特色化 + 朗朗上口 + 场景感，华为 21 条军规体现了这一点。

| 洞　见 |

华为 21 条军规

1. 商业模式永远在变，唯一不变的是以真心换真金。

2. 如果你的声音没人重视，那是因为你离客户不够近。

3. 只要作战需要，造炮弹的也可以成为一个好炮手。

4. 永远不要低估比你努力的人，因为你很快就需要追赶他（她）了。

5. 胶片文化让你浮在半空，深入现场才是脚踏实地。

6. 那个反对你的声音可能说出了成败的关键。

7. 如果你觉得主管错了，请告诉他（她）。

8. 讨好领导的最好方式就是把工作做好。

9. 逢迎上级 1 小时，不如服务客户 1 分钟。

10. 如果你想跟人站队，请站在客户那队。

11. 忙着站队的结果只能是掉队。

12. 不要因为小圈子而失去了大家庭！

13. 简单粗暴就像一堵无形的墙把你和他人隔开，你永远看不到墙那边的真实情况。

14. 大喊大叫的人只适合当啦啦队，真正有本事的人都在场上。

15. 最简单的是讲真话，最难的也是。

16. 你越试图掩盖问题，就越暴露你是问题。

17.造假比诚实更辛苦，你永远需要用新的造假来掩盖上一个造假。

18.公司机密跟你的灵魂永远是打包出卖的。

19.从事第二职业的，请加倍努力，因为它将很快成为你唯一的职业。

20.在大数据时代，任何以权谋私、贪污腐败都会留下痕迹。

21.所有想要一夜暴富的人，最终都一贫如洗。

2. 荣誉体系设计要点

价值观是文化的灵魂，英雄人物是价值观的人格化，是企业中涌现出来的企业文化的最佳代言人，是我们常说的榜样和标兵。

企业构建荣誉体系，就是为了寻找和树立标杆，有了荣誉体系，既能设定相应的工作标准，也有利于提供内部样板角色，同时还能激励内部的荣誉人才。

荣誉体系是一种荣誉激励方式，荣誉管理则是基于荣誉体系设计的一整套管理体系，通过荣誉称号的设计、荣誉奖品的设计、荣誉评选流程与方法、荣誉奖项颁发等方式真正将荣誉激励落到实处。

● 荣誉称号：主要来源于企业的战略目标、文化核心要点、年度工作重点、日常需要重点关注和员工持续提升的事项。

● 荣誉奖品：以精神激励为主，物质激励为辅。

● 荣誉评选流程与方法：一般采取自下而上的推荐评选机制，

公司层面设立荣誉评选小组，负责整体评选工作及相关标准的最终确定与执行。

● 荣誉奖项颁发：组织形式要庄重，高层管理者要参加并亲自颁奖，不同部门和区域的频次应有所差异。

有了荣誉体系还不够，还应做好荣誉宣传，公开信、经验交流会、网站、报纸、移动电视、OA、培训教材、视频短片、外部广告、个人自传、年终台历等都是荣誉宣传的方式。

|洞 见|

华为荣誉激励体系

华为公司内网上有一个栏目，叫荣誉殿堂，列出了各类获奖信息、各种优秀事迹，供大家随时查阅和学习。任正非非常重视荣誉奖项，很多荣誉奖的奖牌和奖杯都是他亲自确定设计方案并亲自颁发的。

大家看看华为都有哪些典型奖项。

1. 蓝血十杰奖。这是华为管理体系建设的最高荣誉奖，旨在表彰那些为华为管理体系建设作出历史性贡献的个人。

2. 金牌团队和员工奖。这是华为授予员工的最高荣誉，旨在奖励为公司持续取得商业成功作出突出贡献的团队和个人。金牌评选，个人奖是每100人评选出一人，团队奖是每400人评选出一个金牌团队。2015年，华为有1 736名金牌个人、495个金牌团队获得表彰。

3. 天道酬勤奖。设奖的目的主要是激励长期在外艰苦奋斗的员工，其评选对象包括在海外累计工作十年以上的员工，或者是在艰苦地区连续工作六年以上的员工，或者是承担全球岗位的外籍员工，或者是全球流动累计十年以上的员工。

4. 明日之星奖。明日之星奖主要是为了营造人人争当英雄的一种文化氛围，有人的地方就有英雄，因此，华为对明日之星的评选并不追求完美，主要面向刚刚入职不久的员工，只要他们身上有闪光点，表现出符合华为价值观的一些行为，就可以参加民主评选，其覆盖率达到 80% 以上。

5. 从零起飞奖。这是华为很有特色的一个奖。2012 年，华为年销售收入离目标还差 2 亿多元，虽然业绩依然稳步增长，但余承东等高管还是自愿放弃了年终奖，把目标当作军令状。为此，任正非在 2013 年 1 月的市场大会上亲自给余承东等高管颁发"从零起飞奖"，以表彰那些奋勇拼搏，取得重大突破，但结果并不如意的人。首批获奖人为：徐文伟、张平安、陈军、余承东、万飚，获奖人员 2012 年年终奖金为零。

6. 其他各种奖励。除了以上奖励外，华为还有优秀小国经营奖、英雄纪念章、史今班长与劳模奖、杰出贡献奖、优秀家属奖等多种荣誉激励方式。

3. 案例集设计要点

案例，就是企业中典型的事件陈述，是人们工作过程中所经历事件的有意截取。企业文化有极强的导向作用，好的案例能够直击员工内心，实现文化引导和激励的价值。

企业在构建案例时，要注意以下几个关键要素。

● 真实且复杂的情景：在现实工作中，合适的案例应是真实发生的，而且有一定复杂程度的情景，在情景冲突中才能体现价值观的导向作用。

● 典型的事件描述：好的案例不是流水账，而是针对非常典型的代表性的情景进行勾画，就员工特别关注的焦点进行阐述。比如华为奋斗者案例中有一位负责合同盖章的员工，每年盖章十几万次，没出过一次错，这就是典型事件。

● 案例要有冲突：价值观决定了做什么，还决定了不做什么，在冲突之间才是树立标杆和典型的最佳时间。案例要有情节，有冲突，标杆和典型要有血有肉，直击人心。

总之，好案例一定是有真情的、有场景的，而且就发生在员工的身边。

4. 文化审视活动设计要点

许多企业在经营管理中采用 PDCA 循环，文化管理也一样，要建立例行的文化反思与改进体系。

文化审视的形式有很多种，包括客户满意度调查、倾听员工心声、民主生活会、标杆学习、特定事件反思、经理人自评他评、经理人述职答辩、反思大会、宣誓大会等，其具体的组织方式如表 14-1 所示。

表 14 - 1　文化审视活动的形式及组织方式

审视活动形式	组织方式
客户满意度调查	通过问卷发放、公司网络平台等形式，征求客户意见
倾听员工心声	公司在内部网络和指定移动媒体上建立讨论社区，员工可针对各单位、各部门或经理人提出问题或发表看法；人力资源部负责将这些意见分类整理，供公司相关单位、部门或经理人反思
民主生活会	公司每年组织一次员工民主生活会，确定讨论主题，由各部门一把手组织部门内部讨论，形成对公司管理、各单位、各部门或经理人的意见反馈
标杆学习	公司每年立项若干标杆学习课题，帮助部门或员工认清自己的现状以及与标杆的差距，提出并实施改进方案。标杆可以将企业内部操作作为基准，也可以将行业领先者、领先企业、竞争对象或最佳流程作为基准，通过辨识标杆的标准，确立目标绩效标准与改进措施
特定事件反思	公司针对当年发生的某一特定事件进行反思。这些事件可以是客户投诉或建议、公司危机事件、公司专项工作等
经理人自评他评	公司组织经理人进行自评和 360 度周边评价，收集评价意见，并反馈给经理人
经理人述职答辩	经理人每年针对工作任务完成情况、问题总结、改进方案、下年工作计划等内容进行述职答辩，公司领导现场指出问题，提出改进意见
反思大会	公司每年组织经理人反思大会，针对收集的意见，公司高层带头进行反思，管理者进行自我反思，提出改进计划
宣誓大会	公司每年组织经理人宣誓大会等，并将"经理人反思承诺"纳入宣誓誓词，汇编"经理人反思案例集"

四、文化落地：场景感持续造场

文化落地有很多种方式，包括宣传传播、培训传播、标识物化、制度匹配、仪式活动等。

1. 宣传传播

企业文化理念和行为规范应向全体员工进行宣传，通过多层次多轮研讨，让员工有更深刻的理解。

根据设计的行为规范，可以开展案例的征选活动，通过对征文的汇编、筛选和评比，既能让更多人参与进来，也能为企业文化案例集提供备选文章。

任正非有很多篇文章诠释了华为的文化，例如《天道酬勤》一文开宗明义："华为为什么能活到今天？将来靠什么活下去？"文章的主要内容如下：

- 第一部分：不奋斗，华为没有出路。
- 第二部分：公司高层管理团队和全体员工的共同付出和艰苦奋斗铸就了华为。
- 第三部分：虔诚地服务客户是华为存在的唯一理由。
- 第四部分：天道酬勤，幸福的生活要靠劳动来创造。
- 第五部分：戒骄戒躁，继续艰苦奋斗。

《天道酬勤》准确回答了"华为是什么"和"华为为什么"，

让更多的人了解华为，接受华为，认可华为，这就是文化宣传的价值。

2. 培训传播

结合理念、行为规范和案例集，指导开发文化培训课件，让管理者接受文化培训，并带头向员工讲授文化理念和核心要义，让更多人知晓并认同。

还以华为为例，每一位华为人都要看三本书：《以客户为中心》《以奋斗者为本》《价值为纲》，这就是华为文化的培训传播。

3. 标识物化

阿里的猫、京东的狗、腾讯的企鹅，这些都是企业文化的吉祥物。VI 系统、文化墙、人偶、手办、宣传册都是企业文化的标识物化。

走进腾讯，最主要的文化制品是 QQ 公仔，人们仿佛来到企鹅公仔的世界，此外还有很多绿植、锦旗奖状，有多彩的墙面配色、宽松的工位。

在这种文化理念下，腾讯的福利待遇体系也是很完善的，如堪比城市公交网的班车线路、加班获得的免费夜宵券，关爱可谓无微不至，真的让员工有家的感觉。

图 14-1 展示了腾讯的企业文化。

图 14 - 1　腾讯企业文化

4. 制度匹配

人力资源管理最适合作为文化落地的载体，选什么样的人，如何激励正向价值观，如何评价，这些都需要认真考虑。建立文化制度匹配体系，就要基于价值观进行经营导向和管理导向的分解，落实到日常的管理制度，通过价值观和制度的匹配，真正将文化落到实处。

5. 仪式活动

通过系统设计文化仪式，让员工身在其中，品其味，感其情，悟其理，增强员工对公司文化的体验，受到感染和教育。

| 洞　见 |

阿里日

5 月 10 日，是阿里巴巴一年一度的阿里日，在这一天，阿里全球的办公区都会敞开大门迎接大家。阿里日是为了纪念 2003 年 5 月非典时期阿里人的激情和信念。2003 年，非典突袭，阿里一名员工疑似非典病人，杭州 500 多名阿里员工以及他们的家人朋友从 5 月 7 日开始被强制隔离。

被隔离后，员工只能通过互联网在家办公，全球客户打来电话，接电话的有老人，也有小孩，都是阿里巴巴员工的家人。怀着对未来的信心，阿里在 5 月 10 日正式推出了淘宝网，为了感谢所有员工和家属的支持，所有伙伴的一路同行，把每年的 5 月 10 日定义为阿里日。

每年的阿里日，阿里巴巴都会有庆祝活动，员工可以穿奇装异服，可以带着孩子、家人和朋友来参加各种各样的活动。保留节目就是一年一度的阿里集体婚礼，已有数千对新人参加。

第 15 章

OD 机制：打造企业命运共同体

在 OD 变革五要素，即战略、组织、人才、文化、机制当中，战略和组织解决要干什么和如何干的问题，人才解决有没有人的问题，而机制解决的是有没有意愿去实现目标的问题。大家知道，花别人的钱给别人办事是效率最低的，只有花自己的钱给自己办事才是高效的，机制的核心目的就是实现员工、管理层和企业利益一致，力出一孔，利出一孔，最终形成休戚与共的命运共同体。

机制通过牵引力、推动力、约束力、发展力等，统一共识、统一目标、统一行动。其变革核心是匹配，即围绕企业发展和人才诉求，思考如何升级和优化管理机制，实现"指哪打哪"。一般而言，可以从人力资源六大机制入手，思考如何提升和优化。

● 赛相结合的选拔机制：以业绩、能力、价值观为标准，内部为主，外部为辅，任人唯贤，举贤不避亲。

● 契约化的任用机制：契约化用人，用人所长，授权赋能。

● 以赛代练、训战结合的培养机制：组织发展与个人发展相结合，训战结合，Z 字形成长。

● 结果导向的评价机制：业绩导向，兼顾能力，认可功劳，尊重苦劳，适当拉开差距。

● 共创共担共享的激励机制：激励资源优先向核心人才倾斜，鼓励多劳多得，优劳优得。

● 持续激活的竞争机制：竞争淘汰，传导外部市场压力，明确规则，友好退出。

一、赛相结合的选拔机制

人力资源管理的成功从选对人开始，选对人比培养人更重要，在这一点上很多优秀企业是有共识的。比如谷歌只雇用最聪明的人，小米要找那些不需要管理的人，有责任心、自驱力、聪明的人。

选拔机制的变革从企业自身存在的问题和借鉴最优实践开始，在此，我们总结在咨询实践中发现的企业在人才选拔上的通病并介绍典型实践，给大家以启示。

1. 缺乏选拔标准或者标准不完善

选拔的核心目的是人事匹配，如果没有搞清楚需要拥有什么能力、素质的人，则难以选拔优秀人才。

选拔标准一般包括任职资格标准、绩效标准、价值观标准、能力标准、品德标准等。任职资格标准包括学历与经验、知识与技能等。任职资格是员工承担某一职位 / 工作所必备的条件与能力。绩效是必备条件，过往成功经验一定程度上能够反映个人能力。核心价值观是选拔的基础，能力是关键成功因素，品德是底线。

2. 试图以过去的钥匙开未来的锁

好的 HR 是伯乐，不是只拿着过去业绩作为唯一标准寻找已经功成名就的人，而是综合衡量，除了过去的成功经验，还应关注能力、潜力、价值观等能在未来创造业绩的要素。

社会招聘中，候选人的价值观是影响其未来能否融入团队进而做出业绩的重要因素。在互联网或快速发展的行业，当无法用制度规则明确规定如何做的时候，价值观便是一个指示器。阿里巴巴在进行社会招聘时，"闻味官"便起到价值观把关的作用，这一角色一般为团队的老成员，在候选人面试的时候带他吃午饭或者陪伴。"闻味官"虽然不是一个面试官，但是他会告诉面试官，他对这个人的感觉是怎样的，感觉舒不舒服，愿不愿意跟候选人一起共事，将来能否合作融洽，这些因素都构成招人的参考指标。

3. 选拔权全部交给业务老大，造成选拔不公

业务老大的确是最了解业务需求、队伍状况的人，但授权与监督是同步的，只有平衡建议权、评议权、否决权等才能实现选拔公开公正。

　　华为在选拔干部时就坚持三权分立方式，三权分别是建议权（其中包括建议否决权）、评议权（其中包括审议权）和否决权（其中包括弹劾权）。建议权由负责直接管辖的组织行使，评议权由华为大学行使，审议权由代表日常行政管辖的上级组织（执行建议权的组织的上级部门）行使，党委在干部选拔任命的过程中行使否决权，在干部日常管理过程中行使弹劾权。

　　干部选拔过程中的三权分别由不同的组织行使，相互制衡，可避免干部选拔"一言堂"。

4. 关键人员选拔总是试图"毕其功于一役"

　　核心业务岗位、核心管理岗位的候选人往往经过多轮次、长周期、全方面考察筛选。关键岗位很大程度上影响企业走向，试错成本极高，人才选拔必须慎之又慎。

　　被誉为"全球第一 CEO"的杰克·韦尔奇离任时曾谦卑地表示："未来 20 年通用电气的发展才能定义我的成功。"事业成功传承是企业家的使命与责任，韦尔奇 2001 年退休，早在 1993 年就开始物色接班人，耗费了大量的时间与精力。

5. 眼睛只盯着外面，其实内部人才还有存量优化的空间

　　企业尤其是国有企业，存量人才通过重新择岗仍有优化配置的空间。

　　设立内部人才市场的关键是"把住两头"：一方面对绩差者实

行待岗、培训和重新配置岗位，传导竞争压力；另一方面对绩优者进行横向调动，赋予挑战性任务，为进一步晋升做准备。

6. 忽视雇主品牌建设，难以吸引相匹配的人才

很多企业没有雇主品牌的概念，即便资源、能力、平台均不错，但因为缺乏有策略的宣传推广，仍招不到优秀人才。

雇主品牌是企业品牌的重要组成部分，关键在于通过有策略的宣传等方式提升企业外部影响力，打造具有很强文化融合力、社会影响力、员工成长力、团队凝聚力、薪酬竞争力的形象。人力资源部可从四方面建设雇主品牌，具体如图 15-1 所示。

公众影响	工作收益	企业文化	职业发展
行业影响 创新影响 产品服务 社会贡献	薪酬回报 激励机制 员工关怀 工作负荷	价值主张 开放包容 公平公正 组织协作	绩效管理 培训体系 发展通道 自我实现

图 15-1 雇主品牌建设

二、契约化的任用机制

为什么提出契约化的任用机制？长期以来，无论国有企业还是民营企业，行政计划式用人、人情关系式用人使得企业无法按照市场规律办事，而企业的本质就是一个理性化、非人格化，以

有效率的方式实现目标的组织。

不够契约化有哪些表现？只有国有企业需要提倡契约化用人吗？在注重人情关系的中国，不够契约化的表现比比皆是。

1. 行政化用人

这点在国有企业比较突出，组织部门套用政府机关选拔和管理干部的方式选人用人，干部带着"官"的站位和思维来管企业。

2. 终身化用人

一旦用人有终身化倾向，无论是在国有企业迫于"官"的身份和帽子，还是在民营企业迫于"元老"的历史贡献，都难以对已经不合适、不匹配的人员进行更新换代。

3. 放任化用人

一旦把人招进来，放到不同岗位上，就开始"用人不疑"，不再进行约束和监督，结果滋生惰怠和腐败。

4. 英雄化用人

有的企业盛行"明星文化"，少数明星管理者、明星业务员业绩占企业半壁江山，所有的规则和制度都要绕着走。

那么如何实现契约化用人呢？从转变观念开始，按照市场规则办事，把外部经验引入企业内部。

- 去行政化，从"官"到"管"，建立起任用规则。

- 去终身化，可上可下能左能右，使干部员工保持危机感。

- 去放任化，好干部和好员工都需要管，严管就是厚爱。

- 去英雄化，员工队伍必须职业化。如果发现企业只能依靠几个明星员工，往往危机四伏。

具体来说，就是从用人之初就订立目标、约定权责利，加强过程监督、阶段性考核。干部作为员工队伍中的关键少数，是最需要契约化的群体。

- 任前达成契约共识：任前进行干部配置，签订任期协议，办理履职手续。以协议形式确保干部上任前带着明确的目标和责任。敢于给干部压担子，才能将其上任后的职责重心置于企业的大目标中。协议不能只有职责，还应有相应的授权、明确的目标、激励及惩罚机制。在任前确定引导人，引导干部适应新角色，做好充分准备。

- 任中契约管理：干部使用中最重要的是建立起让干部始终充满活力的内外部约束机制。在位监督主要指企业内部建立监察审计体系，对干部的品德、财务、经营与管理进行日常监督。自我批判则要求干部在位期间始终不忘初心、牢记使命，实现自我监督和自我超越。复盘述职主要指在业绩完成后进行例行复盘。

- 任后契约兑现：建立到期交流机制与离任审计机制，任后重点在于执行离任审计，确保顺利交接与干净离任。

任前、任中、任后实现契约化用人的具体过程如图 15-2 所示。

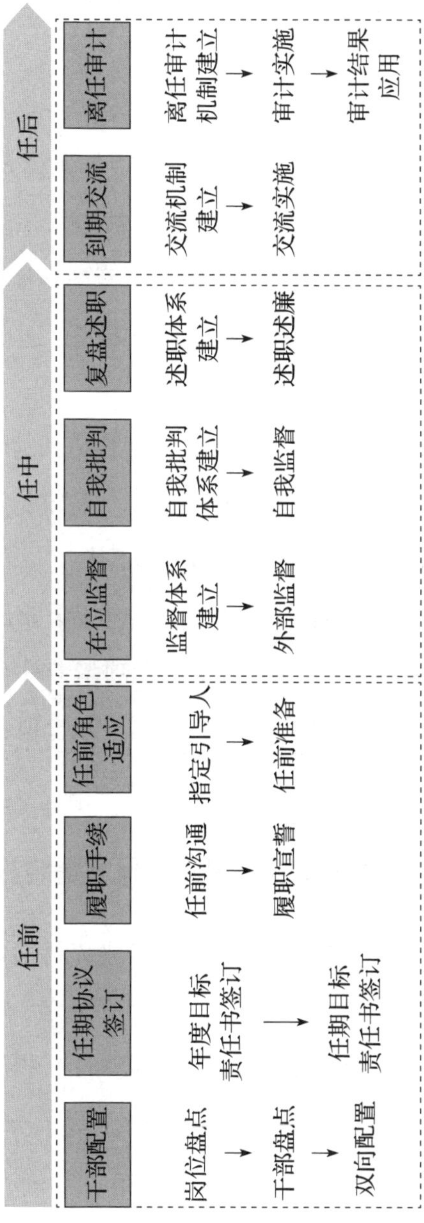

图 15－2　实现契约化用人的过程

三、以赛代练、训战结合的培养机制

培养机制旨在解决组织发展与个人发展的关系，外部市场情况和客户需求不断发生变化，企业的业务模式也在不断调整，如果过去的知识能力无法更新就会被淘汰。因此任正非认为"培训工作很重要，它是贯彻公司战略意图，推动管理进步和培养干部的重要手段，是华为公司通向未来、通向明天的重要阶梯"。

培训中常见的矛盾集中在共性、通用性培训与个性化引导的关系上，人力资源部门费心组织的培训，业务部门不愿参加，认为浪费时间还没效果，双方各执一词争执不休。

共性、通用性培训是企业的责任，包括企业员工职业发展通道搭建、培养机构与职责的落实、专项培养计划、通用课程的组织等，而个性化引导的责任主要在业务管理者和员工本人身上。

1. 员工职业发展通道及任职资格标准是培养的基础

从企业责任来说，首先要丰富员工职业发展通道，把业务需要的能力提炼形成任职资格标准，分解到各通道、各层级，这是在为员工成长铺设阳光大道。能力标准明确了，提升能力后的待遇明确了，员工就会自己循着这条路前进。

员工职业发展通道示例如图 15－3 所示。

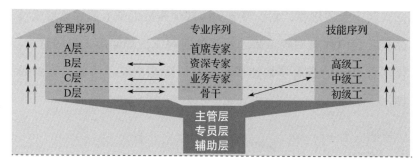

图 15 - 3　员工职业发展通道示例

2. 专门培养机构做通用性、资格性知识培养

具备条件的企业可建立企业大学，作为整合内外部学习资源的专门机构。企业大学不一定是有老师的实体学校，只要有明确的责任主体和运营模式即可。培养机构最主要的职责是对共性的、必备性的理论和技术进行传播。华为在进行干部的资格审查时有两个硬标准：文档考核不合格的，不能进中央研究部；ISO9000 考核不合格的，不能做制造系统工段长以上干部。

3. 紧缺的核心岗位用人要有专项培养计划

核心岗位对业务发展影响较大，需要的人才较多，比如工程施工企业的项目经理、银行的客户经理等。核心岗位出现人才紧缺时依靠放养式、散养式培养是满足不了用人需求的，必须通过周期性的专门培养计划批量化培养。

制定专项培养计划，需要从内部优秀员工身上提炼典型成长路径，找内部典型聊一聊，看看他们的成长都经历了哪些阶段，做了什么事情带来了快速成长。某银行客户经理培养的案例如图 15-4 所示。

两年期管理培训生计划

第一阶段：熟悉个人银行业务	第二阶段：熟悉交易服务业务	第三阶段：熟悉信贷业务	第四阶段：集中培训
在分行从事为期四个月的个人银行业务 ·融入公司文化 ·了解如何高质量服务客户、如何运作 ·熟悉公司产品和分支机构网	在分行从事为期八个月的交易服务工作 ·进行文件处理 ·熟悉国家间和公司间的交易情况	在香港从事为期一年的公司信贷业务 ·熟悉信贷程序 ·了解如何建立和维护客户关系 ·知晓如何进行风险评估	在成功地完成前面三阶段的工作后，在英国的培训中心进行为期七周的脱产培训 香港培训中心将长期提供培训，为个人长期职业生涯的发展提供支持

图 15-4 某银行客户经理培养案例

4. 个性化培养要"缺什么补什么"

关键少数人员个性化的培养可由人力资源部门负责，其他人员的培养则应在部门领导下开展，个人主责。个性化培养的前提是了解目前的短板，可通过人才盘点、主管反馈等方式获知。个性化培养的方式如表 15-1 所示。

表 15 - 1　个性化培养示例

能力短板	培养方式
知识	培训、自学、学历教育、进修、小组学习、考察学习
行为	培训、岗位实践、教练
经验	轮岗、项目工作、行动学习、教练

四、结果导向的评价机制

绝大部分企业都建立了绩效管理体系，但往往出现既定目标打架、过程放任自流、考核结果没拉开差距、考核结果不用或用了没效果等问题。价值评价做不好，价值分配也无法做好。

对 ODer 来说，评价机制的优化还是要先找到问题所在，再系统设计、分步推进。针对前述常见问题，我们建议优化方式如下。

1. 定目标时要三看，引导员工跳起来够

定目标时讨价还价很正常，但要有理有据，这就要重视"三看"，即看历史、看预算、看对手（如图 15 - 5 所示）。不看历史不知道是否进步，不看预算不知道整体目标能否完成，不看对手是固步自封的表现。当然目标还是要一年比一年高，除非有特殊因素，比如 2020 年新冠肺炎疫情的影响。

2. 过程要跟踪辅导，纠偏和协调问题解决

有些企业在年终评价时搞各种平衡，有功劳的抢功劳，没功

- 与历史比：解决业务的增长问题
- 与预算比：解决业务的计划问题
- 与对手比：解决业务的市场竞争力问题，是确定
  目标值的主要依据

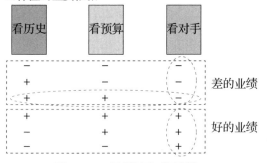

图 15 - 5　目标设定"三看"

劳的讲苦劳，一部分原因就是没有做好过程监督和跟踪分析。过程的跟踪比如月度、季度、半年的经营分析，一方面可以完整记录过程表现，一方面可以发现问题协调解决。

3. 考核结果要拉开差距，树立下一步要赶超的标杆

人群的绩效表现是正态分布的，做强制分布也是基于此。实际执行中强制分布被诟病，主要还是因为干部不敢担当不敢作为，不愿意得罪人，当然不排除部门人数太少难以强制分布。针对前一种情况，华为认为干部的打分如果集中度高，不能将 5% 的优秀人员和 5% 的表现差的人员筛选出来，就是干部失职，其本人的绩效要扣分，对人数少的部门例外处理。

绩效考核内容以业绩为主，兼顾价值观、态度等因素，评价结果能否区分优、良、中、差直接关系到后续分配的公正性，关系到能否找到标杆进而改进提升，也关系到员工本人能否意识到问题所在。

4.考核结果要和奖金、晋升挂钩，别让雷锋吃亏、搭车者得利

绩效考核结果以业绩、能力作为维度，可将员工分布至九宫格中，考核结果的应用有所不同，如图 15 - 6 所示。

5.没有绝对公平，结果适度公开可以倒逼公正

在绩效考核中绝对的公平难以实现，也没有必要非要实现，在实践中我们发现可以使用技巧倒逼考核人客观、公正、负责任地进行评价。一方面可设置绩效申诉机制，另一方面可以将考核结果公开，如果做不到全部公开或者担心伤面子，可先公开考核优秀者，对绩效落后者采取邮件提醒等方式加以鞭策。

五、共创共担共享的激励机制

被称为中国巴斯夫的万华化学，2018 年以 640 亿元营收、164 亿元利润进入全球化工 50 强排行榜。30 多年前它还是一个连年亏损、四处碰壁的传统老国企，有行政色彩浓厚、效率低下、竞争乏力等"痼疾"，光处级干部就 100 多人，工资只发 60% ～ 70%……如今发展为全球化企业，背后的秘密就是形成全员利益共同体。万华 2006 年推行员工持股机制，国有股占 20.6%，员工持股占 20%，同时推行科技分红，科技人才连续五年享受技术创造效益的 15%。这次持股将个人命运与企业命运紧紧联系在一起，当时的骨干员工迄今没有一个离开。

图 15－6 九宫格绩效考核

	绩效低	绩效中	绩效高
胜任力强	待发展者——高潜质低绩效 • 找出限制绩效因素 • 提供观察期，调整岗位 • 资源支持，给予机会	中坚力量——高潜质中绩效 • 给出挑战性目标 • 明确培养周期 • 考虑晋升、加薪	超级明星——高潜质高绩效 • 承担更大责任 • 晋升、加薪 • 激励倾斜，重点保留
胜任力中	差距者——中潜质低绩效 • 找出限制绩效因素 • 提供观察期，调整岗位	中坚力量——中潜质中绩效 • 给予挑战性任务 • 给予关注与辅导	中坚力量——高绩效中潜质 • 重点保留，合理激励 • 稳定发展，考虑晋升、加薪
胜任力弱	淘汰者——低潜质低绩效 • 调整岗位 • 确保继任者	差距者——低潜质中绩效 • 确保业绩稳定 • 调整或留任现岗 • 辅导与培训	熟练员工——高绩效低潜质 • 现任岗位发展 • 稳定激励，给予支持 • 经验提取和分享

共同创造价值、共同承担风险、共同分享发展果实，即共创共担共享，一个都不能少。利益捆绑机制主要通过全面激励来实现，从时间维度上看包括短期激励、中期激励、长期激励，从内容上看分为物质激励与非物质激励。

现金激励方面，盈亏同源的薪酬总额考核是比较行之有效的方式，尤其在国有企业，"以包代管"可以极大调动员工积极性。

为满足员工不同层次、多样化的需求，激励机制也应从单一的物质激励转变为全面薪酬激励：

- 工作上，给予责任、权力和机会，增强工作本身的激励性。
- 发展上，给予多种发展通道与能力培养机会，增强事业发展的激励。
- 绩效考核上，正向激励与负向激励结合，重奖重罚。也可将即期、中期、长期激励模式相结合，实现留人留心的目的。

全面薪酬激励体系如表 15 - 2 所示。

六、持续激活的竞争机制

企业组织寿命学告诉我们，组织和人一样，有成长、成熟和衰退的过程。组织活力的最佳年龄区间为 1.5 ～ 5 年，超过 5 年就会出现组织老化，解决的办法是通过人才流动对组织进行激活。这其中难度大、影响大的就是干部群体的竞争退出机制。

表 15-2　全面薪酬激励体系

板块	板块含义	维度	维度释义
货币薪酬	雇主基于员工劳动支付的报酬，主要用于满足员工的基本生活需要及其他现金支出	基础工资	固定薪酬，不随绩效变动，包括基本工资和岗位工资
		奖金	根据员工工作绩效浮动的部分
		津贴	对员工工作中不利因素的补偿
		股权	以股票形式发放的薪酬
福利	雇主提供给员工的补充现金支持	保障福利	失业保险、社会保障和残疾保障等
		健康与救济福利	医疗保险、人身保险，分期付款项目和健康储蓄计划
		退休福利	养老保险及退休后的收益分享
		带薪休假福利	带薪病假和带薪事假等
工作与生活平衡	组织实践、政策和项目的特殊部分，帮助员工同时在家庭和工作中取得成功	灵活的工作安排	工作内容和工作场所安排
		带薪请假	因为照顾他人、照顾子女的带薪请假
		员工健康	员工援助计划和压力管理计划等
		社会参与	组织员工积极参加社会活动
		员工关爱	员工旅行关爱、生病关爱、家庭关爱等
		财政支持	理财计划服务与培训、企业年金计划
		额外福利	宠物保险、免费停车等额外福利计划
		首创精神	团队的工作效率、组织的工作环境
绩效与认可	包括高绩效系统及员工认可两个方面	高绩效系统	制定绩效标准，员工技能展示，管理者对员工技能进行评估，管理者反馈和持续的绩效改进等
		员工认可	对员工的努力、行为及绩效给予重视
个人发展与职业机会	包括个人发展与职业机会两个方面	学习机会	提高员工技能和素质的培训
		领导力培训机会	培养员工提升员工领导力的计划
		晋升机会	帮助员工实现个人职业生涯目标

干部作为事业成败的关键群体，能否保持队伍活力直接影响到组织的生命力。当前干部退出仍然存在比较大的障碍，干部管理中论资排辈，占位平庸，职务能升不能降，待遇能高不能低等现象普遍存在。刨根溯源，主要是思想观念滞后，干部价值取向模糊，考评体系不健全等。

干部退出是一个系统设计，单点突破极易引发矛盾。一般来说，要将契约导向和绩效导向相结合，公开、公平、公正处理，同时做到规则理性和执行人性。

1. 干部退出一般可采取的方式

干部退出是指达到退出条件时，由本人申请或所在单位安排，经组织程序审批，退出所担任的干部岗位。退出包括多种形式，总的来看，可以概括为主动退出、自然退出以及被动退出三大类，具体包括业绩考核退出、价值观考核退出、问责退出、触发红线行为退出、期满轮换、自愿提前退休、到龄转退等。

2. 干部退出程序应谨慎设计

有条件的企业应成立干部退出工作委员会，选定适当的人员担任委员会委员，负责企业干部退出机制的建立、完善以及工作部署、检查指导和事项审议，也可以由企业的董事会或董事会下设的专门机构来承担这一职责。具体的退出流程应根据不同的退出形式进行设计，一般包括申请提出、审核、复审、审批、办理工作交接和财务清算等操作环节以及各环节之间的衔接过渡等。

3. 干部退出后应妥善安置，确保"软着陆"

干部退出机制的建立和实际操作是一个繁杂的过程，要有其他配套制度，比如营造有助于退出机制实施的"干部能上能下、能进能出"的企业文化氛围，建立规范完善的聘任制和任期制、科学有效的绩效考核和激励约束机制、责任追究机制、干部退出补偿机制、顾问制度、干部后备梯队等。只有这些科学管理体系得以建立和有效运转，干部退出管理机制才能真正建立起来并有效运转。

失败的企业可能各有不同，成功的企业却有一个共性，那就是全员目标一致。企业制定了战略，设计了组织和分工，也招来了合适的人才，但目标不能自动实现，只有设计让大家想干事、能干事的机制，才能实现目标，令企业生生不息。

第 16 章

OD 人才：人才管理三条主线与人才规划

　　战略方向定了，人才就是决定因素。ODer 在人才管理体系中主要管理两个方面：人才队伍的整体规划和人才管理的三条主线。

　　作为企业内部顾问，ODer 不是替代人力资源部去落实人才管理的具体工作，更多的是从人才规划和人才管理的体系入手，给予一定的指导和建议。

　　人才规划怎么做？要从七个方面来开展，分别是战略梳理、现有人员盘点、人员需求预测、人员供给预测、制定人力资源战略规划、执行规划并实施监控、人才规划评估与复盘。

　　人才管理三条主线是什么？人才供应链、人才发展链和人才服务链。在企业整体人才规划完成之后，企业的人才观和人力资源的使命、愿景得以明确，人才队伍的数量、质量、结构也已明晰，人才管理的主线就要围绕人才的价值投入、价值创造、价值保障来展开，如图 16 - 1 所示。

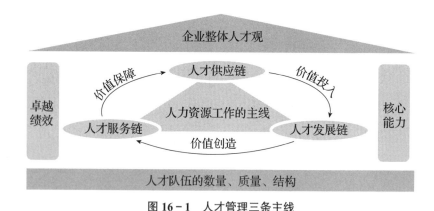

图 16 - 1　人才管理三条主线

一、人才规划七步法

人才规划其实就是人力资源战略规划，人才规划是从企业战略及业务诉求出发，结合现有人才盘点，提出基于业务的人员需求预测，在人员供给预测的背景下，确定人才数量、质量、结构的过程。

用通俗易懂的话来讲，人才规划就是：

● 企业要做事情，先把事情说明白，什么事，怎么做。

● 做事需要关键人，确定关键人，看他能承担多少任务。

● 明确关键人需要什么人配合，比如项目管理需要配套专家、营销人员和管理人员，应该怎么配合。

● 明确现在有多少人、水平怎么样、达不达标。

● 目标 – 现状 = 规划

● 明确如何让规划落地。

1. 战略梳理

很多企业做不好人力资源战略规划，是因为没有真正理解业务，不知道业务是如何运作的，自然也就不懂如何配置人力资源。

华为在开展年度战略规划时，不单单明确三年期和一年期战略目标，还同时进行细化和分解，保障战略有效落地。在战略计划层面，华为将公司战略规划分解为各专业条线的子战略规划，包括市场子战略、客户子战略、技术子战略、投资子战略、供应链子战略、渠道子战略、品牌子战略、组织子战略、财务子战略等。有了各专业领域的子战略，当做事需要人时，自然就能推演出人力资源子战略。

为了保障人力资源子战略落地，华为将整体战略细化为工作计划，并明确日常工作所需要的人员。经过系统的分解之后，要做的事情明确了，配多少人，配什么水平的人，自然也就明确了。

战略梳理的具体内容如图 16 - 2 所示。

2. 现有人员盘点

梳理清楚经营战略后，就有了人员需求预测的基础。做好现有人员的盘点，人员供给预测才能清晰明确。需求侧和供给侧都明确了，两者之间的差距就是人力资源规划落地的方向。

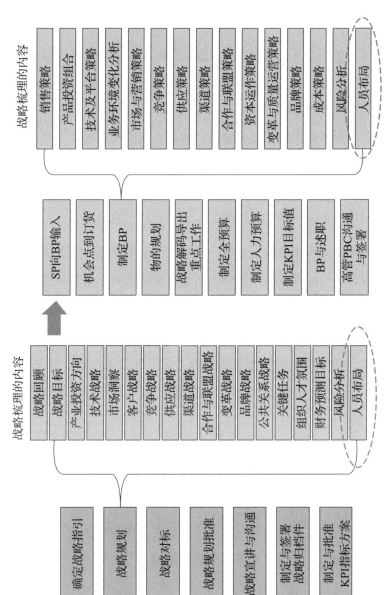

图 16-2 战略梳理

主要盘点什么？从人的角度来看，包括员工的基本信息、工作履历、工作业绩评价、任期记录、选拔记录、职种序列、任职资格评审记录、培养记录、总量结构分析、薪酬记录和流动记录等。

盘点时，还可以从岗位的角度来看，包括同一类岗位的员工数量、能力分布、任职等级结构、岗位胜任度、岗位继任计划等因素。

当然，也有企业基于职类职种，盘点不同序列的总量、结构和密度。

总之，盘点可粗可细，关键要与企业的发展阶段和管理精细程度相关。

3. 人员需求预测

经营战略梳理完成后，即可开展人员需求预测，主要预测战略实现需要的人员结构、数量和质量。

预测时，要综合考虑以下因素：

- 不同事业部、不同产品线、不同市场区域的整体目标。
- 不同业务模式下的人员协同逻辑。
- 市场需求、产品或服务质量升级或决定进入新的市场。
- 产品和服务的发展要求。
- 人员稳定性、人员流失率、自然淘汰率。
- 公司培训计划和任职资格提升计划。

- 人均效能及提升人均效能的相关措施。
- 技术革新。
- 财务预算等。

如果企业管理水平无法实现以上需求预测，可以从市场端进行需求分析，通过财务比率、业务模式、角色与能力要求、工作设计、管理模式设计、人均效能等维度进行系统分析，如图 16 - 3 所示。

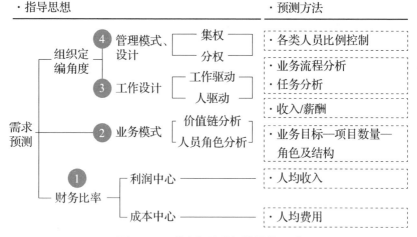

图 16 - 3　从市场端进行的需求预测

利用人均效能来预测人数是比较常见的做法，其基本原理是根据企业的财务目标，结合人均效能（如人均营收、人均利润）来预测人数。根据所选取财务比率的不同，具体包括以下几种方式。

- 基于利润进行预测：人员总数 = 利润目标 / 人均利润目标

- 基于收入进行预测：人员总数 = 营收目标 / 人均营收目标
- 基于费用进行预测：人员总数 = 人员费用目标 / 人均费用目标

基于业务模式及所需人员角色预测用人需求，进行建模并预测总量。其原理是对企业的各类业务模式进行抽丝剥茧，提炼出业务核心流程，根据既往经验明确不同业务环节所需关键人员角色与配置需要，进而以关键角色为标杆配置其他人员。

基于工作分析进行预测则采用定额定员法，以工作驱动确定人力资源数量。

对管理人员、职能人员通常采取比例法预测其数量。

4. 人员供给预测

人员供给主要包括内部供给和外部供给两个维度。

内部供给的分析维度包括：人才岗位适配分析表、人才盘点报告、后备人才队伍报告、内部劳动力市场报告、不同模块人才使用效能分析报告、不同模块人才密度分析等。

外部供给预测，可宏观可微观。企业进行供给预测时，主要考虑微观即可，包括薪酬竞争力、市场人才稀缺度、企业吸引力等维度。

5. 制定人力资源战略规划

完成以上步骤，企业的"用人逻辑"就会涌现出来，通过将前几个部分联动，从战略目标、关键业务领域、关键成功因素、关键岗位定义及规划、人才工作计划等维度梳理，即可得到整体人力资源战略规划。

当然，完善的人力资源战略规划，不单单包括基于差距分析的人才队伍规划，还应该包括实现规划的具体措施，如招聘计划、培养计划等。同时，还要明确所需资源和权限，以保证工作有效落地。

6. 执行规划并实施监控

通过 PDCA 循环，保障人才规划有效落地。

7. 人才规划评估与复盘

定期审视人才规划的有效性，评估工作中的不足之处和改进之处。

简言之，人力资源规划的逻辑如下。

- 目标是什么？怎么做事能实现目标？
- 做事需要多少人，各专业多少人，什么水平？
- 现在有多少人，各专业有多少人，什么水平？
- 理想减去现状就是差距，根据差距制定人力资源战略规划。
- 有了人才规划，下一步怎么实现人才理想状态？
- 做事需要什么支持？人、机制、钱还是权限？

二、人才供应链：源源不断打造人才梯队

人才预测和规划是前提，更重要的是确保源源不断的符合业务需要的人才供应，解决人才供应问题，实现人才与组织共同发展。

人才供应体系解决人才供应与培养的问题，即战略需要什么样的人才，人才从哪里来。人才供应链衔接人才规划和人才盘点，是人才工作中不可或缺的一环。

如果我们把企业价值链当作一条人才价值链，输入端是企业战略和业务诉求，输出端是优秀人才、组织能力和企业绩效，过程端就是人才规划、人才盘点、人才供应的持续循环，如图 16 - 4 所示。

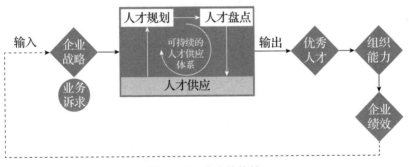

图 16 - 4　企业价值链

1. 人才规划怎么做

前文介绍了人才规划具体的操作方法，下面来看看华为是如

何做人力资源规划的。

|洞 见|

华为人力资源规划操作手册

1. 目的：实现公司整体经营目标，进行人力资源预测、投资和控制，提出人力资源管理的改进方案

2. 范围：高层领导、人力资源部、各部门主要负责人

3. 职责：人力资源部牵头，各部门参与，共同形成《年度人力资源规划书》

4. 方法和过程控制

4.1　人力资源规划环境分析

战略、组织、财务、市场、生产等模块规划分析；完成《人力资源流动成本分析表》《人力资源职位结构分类工具》《人力资源年龄结构分析工具》（部门－年龄维度）、《人力资源年龄结构分析工具》（职位－年龄维度）、《人力资源专业能力分析工具》（部门－专业维度）、《人力资源专业能力分析工具》（职位－专业维度）、《人力资源数量分析工具》（职位－数量维度）、《人力资源数量分析工具》（部门－数量维度）、《教育程度与人力资源成本分析工具》。

4.2　人力资源规划供给／需求预测

人力资源部人力资源规划预测人员对企业人力资源的需求和供给情况，结合企业战略发展方向，各部门经营计划、年度计划，运用各种预测工具，对公司整体人力资源规划的需求和供给情况

进行科学的趋势预测统计分析。

4.3　人力资源供需平衡决策

公司人力资源部人力资源规划预测人员对公司人力资源情况进行趋势预测统计分析之后，制作《年度人力资源规划需求趋势预测报告》以及《年度人力资源规划供给趋势预测报告》。

4.4　制定人力资源规划书

● 描述公司人力资源总规划；

● 商讨人力资源总规划，形成《人力资源总规划》草案；

● 商讨人力资源配备计划，形成《人力资源配备计划》草案；

● 商讨人力资源补充计划，形成《人力资源补充计划》草案；

● 商讨人力资源使用计划，形成《人力资源使用计划》草案；

● 商讨人力资源退休解聘计划，形成《人力资源退休解聘计划》草案；

● 商讨人力资源培训计划，形成《人力资源培训计划》草案；

● 商讨人力资源接班人计划，形成《人力资源接班人计划》草案；

● 商讨人力资源绩效管理计划，形成《人力资源绩效管理计划》草案；

● 商讨人力资源薪酬福利计划，形成《人力资源薪酬福利计划》草案；

● 商讨人力资源劳动关系计划，形成《人力资源劳动关系计划》草案；

● 评审公司人力资源部职能水平，确定公司人力资源部战略方向；

● 商讨公司人力资源部职能水平改进计划，形成《人力资源部职能水平改进计划》草案。

5. 配套表格并操作落实

…………

建立人才供应链，可以承载企业战略目标，实现整体人才、战略性人才及时供应，促进企业高速增长。

2. 人才盘点怎么做

要建立人才档案，实现人才全过程留痕管理，增强管理针对性，提高效率。人才档案一般包括如下信息。

● 基本信息：姓名、性别、出生年月、籍贯、民族、政治面貌、家庭住址、学历、专业、毕业院校、专业职称等。

● 工作履历：包括所在部门、现任职位、工作起止时间、工作单位、职位调整情况及原因、工作内容及突出贡献等因素。

● 其他记录：价值观评价记录、任职资格评审记录、选拔、培养、考核、薪酬、奖惩等各类个人信息记录。

有了人才档案，加上岗位职责、任职资格、素质模型等基础，就可以开展人才盘点。人才盘点一般包括五个步骤。

● 定义关键岗位：用要素比较法对岗位进行对比，一般采用战略贡献度、外部稀缺性、内部储备性和外部招聘成本四个要素。

● 确定人才标准：基于岗位胜任要求，建立全员通用素质模型、专业序列素质模型和领导力模型，模型要包括结构、名称、指标定义、指标维度、行为等级描述等。

● 选择盘点工具：根据企业发展阶段，可以采用主观判断、360 度评估、潜能评估、AC 评鉴中心等方式。

● 校验盘点结果：通常采用人才盘点圆桌会议形式，主持人、盘点人、观察人、参与人四方参加，对特定人员进行盘点。

● 盘点结果输出：盘点结果输出包括两个维度，一个维度是九宫格，一个维度是个人盘点报告。有了九宫格和个人盘点报告，后续的个人发展计划就有了依据。

3. 打造人才供应链

有了规划，也进行了盘点，内部人才的差值就明显体现出来了。人才供应链主要解决人才从哪里来的问题。

人才来自两个方面，一个是内部人才供应，一个是外部人才供应。

内部人才供应包括内部人才梯队和内部人才市场。

● 内部人才梯队：每家企业都应该建立起人才梯队，根据职级、薪级和任职资格等级进行人才结构分布，高层级人才梯队出现缺口时，优先从低层级向上候补。

● 内部人才市场：企业建立内部人才池和内部人才招聘体系，让人才自由流动。

外部人才供应包括学生兵和成熟人才。学生兵要明确人才标准、目标院校和薪酬策略，鼓励储备式甚至掠夺式人才策略，从学生开始培养，虽然过程比较辛苦，但得到的是真正好用的人才。成熟人才的供应链要关注人才标准、渠道和招聘等问题，在这里不一一赘述。

有了人才供应链，企业就能构建内部人才梯队，通过"流水线工程"将人才源源不断输送至各工作模块。

三、人才发展链：人才组织同发展

人才供应链只解决了"量"的问题，"质"的提升也是需要关注的重心。单纯依靠人才自发自主的学习，可能无法满足企业成长的人才诉求，还需要构建人才组织同发展的管理体系，以组织需求推动人才成长，以能力成长换来发展空间和薪酬回报，实现双赢。

人才发展链的主要目的是把战略目标和人才发展目标结合起来，通过人才"自利"，实现"利他"企业，让人才的发展符合企业的诉求，让企业的发展借助人才的力量。

人才发展链涉及任职资格体系、人才培养体系、人才发展体系、企业大学等四个方面。

1. 任职资格体系构建

任职资格管理体系，既是员工职业化的基础，也是员工发展通道的载体，通道就是职类职种的划分，基于同类型、同职责、同能力要求的岗位，打破部门界限，确定任职资格管理体系。

企业在构建任职资格体系时，一般有以下四个步骤。

● 定通道：根据职类职种的划分，每个职种都是一条员工发展通道。职业发展通道一般包括单通道、双通道、多通道三种方式。单通道主要指管理通道；双通道则是管理通道和专业通道；多通道可以在双通道的基础上增加技能通道，也可以增加操作通道，还可以增加 T 通道（天才通道）。

● 定等级：根据员工的能力和角色差异，可以分为初做者、有经验者、骨干、专家、资深专家、权威，不同的角色代表不同的能力，有了差异，员工就有了成长的动力。

● 定标准：角色之间有差异，需要明确标准，主要关注学历与经验、知识标准、能力标准、行为标准、成果标准等维度。通过软性＋硬性维度，区分员工的能力与层级。

● 定体系：任职资格的评审体系，任职资格的管理体系，任职资格与薪酬、绩效、培训和人才发展的联动体系，都是任职资格需要关注的维度。

2. 人才培养四部曲

人才培养有多种方式：培养知识方面，有培训、自学、学历教育、进修、小组学习、考察学习等；培养行为方面，有培训、岗位实践、教练等；培养经验方面，有轮岗、项目工作、行动学习、教练等。最常用的四种方式为课程学习、行动学习、导师制和轮岗。

●课程学习：包括线上和线下多种方式，可以有效提升员工专业能力，弥补专业知识和技能层面的不足，提升日常专业化问题解决能力。

●行动学习：通过选定主题、组建团队、团队学习、方案评审、方案实施与评估等方式，提升解决系统性经营管理问题的能力。

●导师制：做导师和被导师都是可选的培养方式。做导师，可以提升对问题的掌控力，优化领导风格，提升领导能力；被导师，可以习得经验，发挥个性优势，优化管理方式。

●轮岗：多专业、多部门、多区域、多层级轮岗，丰富员工经历，增加跨行业、跨部门经验，提升全局工作管控能力。

3. 人才发展全景图

人才发展全景图将所有岗位视为一个整体，有效统筹公司层面的人才发展与培养工作。对于员工而言，人才发展全景图明确了发展方向，为新进入、成熟期、发展期等职业发展阶段提供了指导原则，对员工职业进行全生命周期的管理。

好的人才发展体系，可以解决内部关键岗位人才来源问题，便于公司培养内部人才队伍，减少空降部队，保持组织凝聚力和价值一致性。好的人才发展体系，还可以指明公司现有岗位人才的发展方向，为周期性人才培养方案提供依据。

人才发展有几种典型场景：一个岗位晋升多个岗位，同一层次岗位可晋升为上一层次某个岗位，多个岗位晋升一个岗位，同一岗位可晋升为上一层次任何一个岗位，岗位之间互相轮岗，具体如图 16－5 所示。

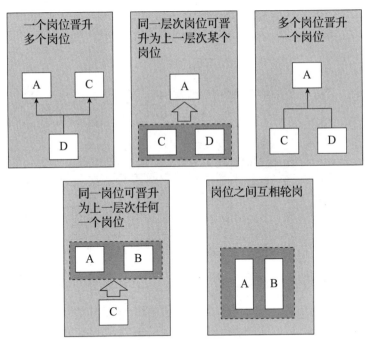

图 16－5　人才发展典型场景

除了岗位轮换和正常晋升外，人才发展全景图还要提供破格晋升通道，鼓励提拔优秀骨干。

人才发展全景图示例如图 16－6 所示。

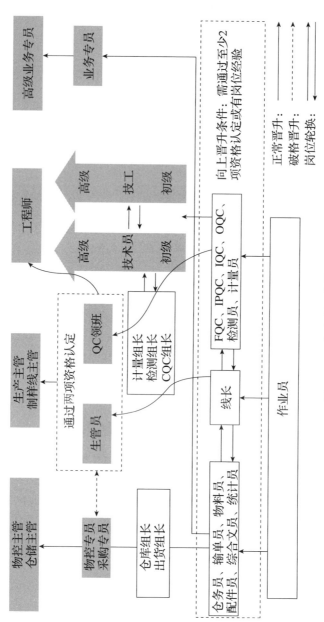

图 16 - 6 人才发展全景图示例

4. 分层分类企业大学

有条件的企业会构建自己的企业大学，一般包括管理学院和专业学院，管理学院又包括干部学院和通用管理学院。

以华夏幸福大学为例，它以使命、愿景、核心价值观等为根基，构建了"1-2-3-8"企业大学体系，如图 16 - 7 所示。

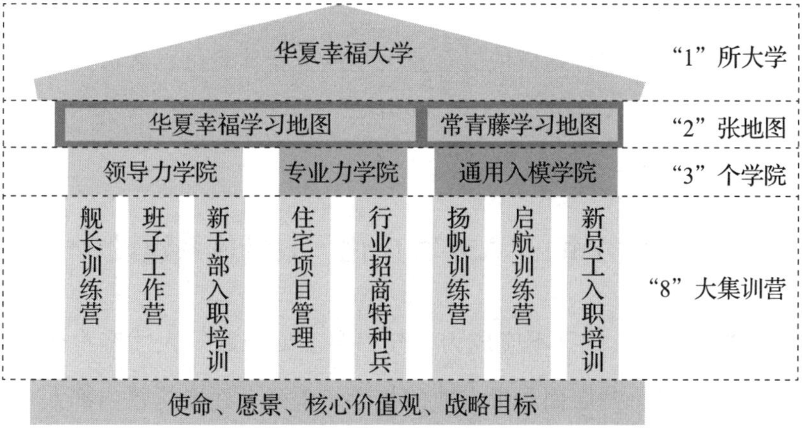

图 16 - 7　华夏幸福大学

华夏幸福大学的领导力学院专注于培养公司各级干部，针对不同层级管理干部开设了 10 余门领导力课程，同时根据人才战略和组织发展需求，实施舰长训练营、班子工作营、新干部入职培训等管理干部培养项目。

专业力学院秉承"专家培养专家；博采众长，华夏为主；聚焦产业与城市发展"三大核心理念，下设六大学院，分别为：产业新城学院、产业发展学院、地产学院、人力学院、财力学院和运营学院。

通用入模学院关注员工成长和新人融入。针对校招常青藤、社招新员工及全体员工，学院的培养方式包括扬帆训练营、启航训练营、新员工入职培训等，为公司发展提供文化基础和技能保障。

作为成熟型管理模块，企业大学的框架体系可以参考先进经验，拿来就用。

四、人才服务链："人才客户化"服务体系建设

"人才客户化"不应成为一句口号。要想践行人才客户化理念，除了在机制层面思考人才的核心诉求外，还要构建内部人才服务体系。

人才服务链主要通过设立共享服务中心来提升员工的人力资源服务水平及效率。共享服务是将人力资源管理中的事务性、流程性、服务性工作集约处理，通过信息化、外委的方式提升效率，同时提升人才服务水平。

人才服务体系包括共享服务平台和服务交付端两大体系。共享服务平台即通常所讲的 SSC（shared services center），服务交付

端可以分为服务员工、服务 HR、服务管理者三个模块。

●服务员工：为员工提供社保、公积金、培训、个性化福利、实时数据等各类人力资源服务。

●服务 HR：统一招聘、统一培训、统一人事事务，释放双手，提升效率。

●服务管理者：营造文化氛围，提供组织内部交流机会等。

腾讯将 SSC 进化为 SDC（subscriber data center，用户数据中心），通过新组织、新属性、新模式、新工具、新能力，对集团范围内共性需求进行整合，依托产品化、体系化、信息化的共享交付平台，为业务、员工和 HR 伙伴提供超出预期的一站式整体解决方案。腾讯 SDC 如图 16-8 所示。

以上是在人才维度 ODer 应该关注的人才规划和三条主线。当然，人力资源部也在开展相应的工作，ODer 并不需要亲自动手去做，也不需要关注日常工作的细节，ODer 应该成为人力资源体系的规划师和架构师，通过规划的规划，形成人力资源管理和人才管理体系的顶层思考和系统设计。指明方向，就是 ODer 最大的价值。

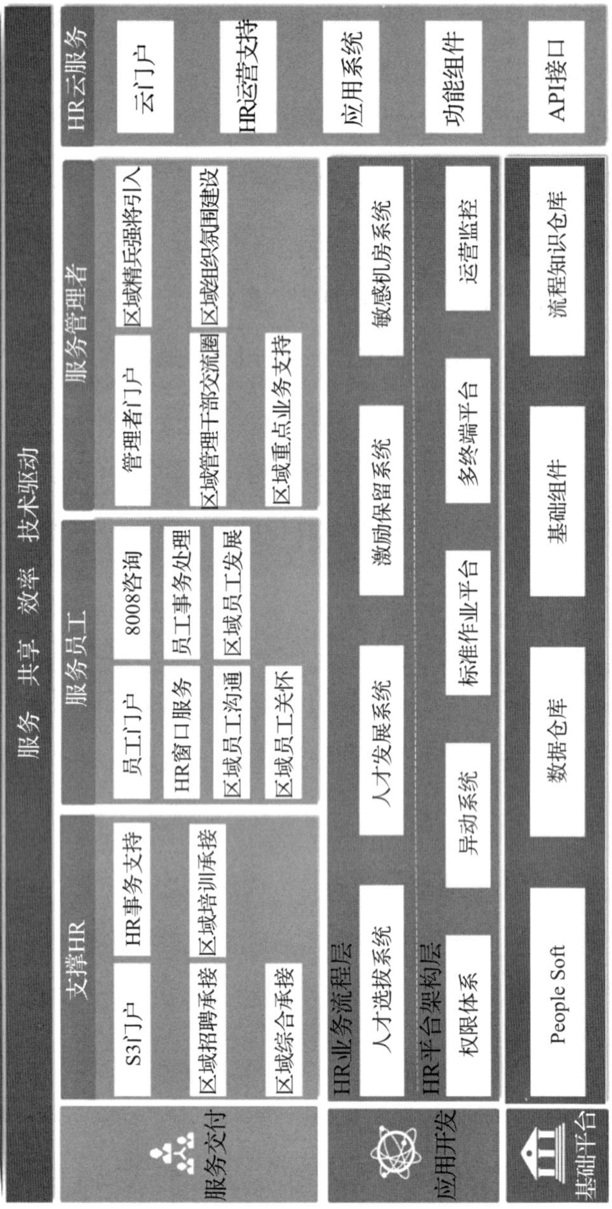

图 16-8 腾讯 SDC

	支撑HR	服务员工		服务管理者	HR云服务
服务交付	S31门户	员工门户	8008咨询	管理者门户	云门户
	HR事务支持	HR窗口服务	员工事务处理	区域精兵强将引入	HR运营支持
	区域招聘承接 区域培训承接	区域员工沟通	区域员工发展	区域管理干部交流圈 区域组织氛围建设	应用系统
	区域综合承接	区域员工关怀		区域重点业务支持	功能组件
					API接口

SDC核心价值：服务 共享 效率 技术驱动

HR业务流程层：人才选拔系统 异动系统 人才发展系统 激励保留系统 敏感机房系统

HR平台架构层：权限体系 标准作业平台 多终端平台 运营监控

基础组件 流程知识仓库

基础平台：People Soft 数据仓库

应用开发 / 基础平台

第 17 章

OD 效能评价：衡量与提升组织效能

　　无论是进行组织诊断以找到问题，还是实施战略、组织、机制、文化、人才的五步变革，最终目的都是持续推动组织效能的提升。

　　OD 效能简言之就是组织能力，就像个人能力一样。同样质量的一份方案，能力强的人三小时就能做完，新手可能要花一周。同样质量的产品，使总成本更低就是一种能力。比如平衡车最初在芬兰发明后一台要卖到 6 万美元，后来技术卖给了美国，产品成本降到 3 万美元，而小米将价格降到了 1 000 多元人民币，背后的生产与供应链就是组织能力。美的 2011—2016 年营收增长了 19%，利润增长了 139%，而成本仅增长了 6.6%，最终在竞争白热化的家电行业成长为巨头，就得益于强大的组织能力。

　　腾讯高级管理顾问杨国安指出："如果企业空有正确的战略，却没有合适的组织能力，即使机会出现，也无法把握。比如，虽然并购可以带来协同和放大效应，但是如果企业没有并购整合的能力，只会赔了夫人又折兵。"

既然组织效能如此重要，ODer 就需要建立一套组织效能评估体系，既能衡量 OD 的工作成效，以评估现状、发现问题、寻找差距，也是指向改进的依据，通过效能评估发现的问题就是下一轮组织变革的目标。

一、构建组织效能评估体系

组织效能可以从过程和结果入手进行描述，具体体现在组织效率、组织效益、人力资源效能、组织氛围四个方面。广为人知的组织效能模型有戴维·尤里奇的 14 项组织能力指标、腾讯高级管理顾问杨国安的"组织能力杨三角"模型等。对效能的分解有利于构建细化的评估指标体系，进而统计、分析、描述效能状况。

"组织能力杨三角"模型提出，企业战略制定后应当明确两三项与战略最直接相关的组织能力（如创新、低成本、服务等），进而从三个维度进行提升，如图 17-1 所示。

● 员工能力是全体员工（包括高管团队）实施战略、打造组织能力的知识、技能、素质。

● 员工思维模式即企业文化、价值观。

● 员工治理方式即组织提供有效的管理支出和资源允许人才发

挥所长，包括组织架构、集权与分权、关键业务流程、信息沟通等。

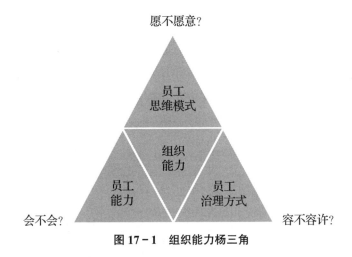

图 17-1　组织能力杨三角

戴维·尤里奇认为，真正的 HR 转型是聚焦业务的，通过 HR 转型取得两类成果：一是利益相关者期望得到满足；二是提升组织能力。他提出的组织能力衡量指标如表 17-1 所示。

表 17-1　组织能力衡量指标

序号	维度	含义	衡量指标示例
1	战略一致性	表述和沟通战略观点，就目标、计划、行动达成共识	认知、流程、行为、指标的战略一致性
2	共同的思维模式	保持组织在客户和员工心中的积极形象，并使客户和员工获得良好的关系体验	品牌认知度、员工满意度
3	领导力	在整个组织范围内培养"领导者"，他们能够以正确的方式交付正确的结果——他们代表了组织的领导力品牌	后备储备比例

续表

序号	维度	含义	衡量指标示例
4	客户连接	与目标客户建立持久的信任关系	客户满意度
5	人才	吸引、激励和保留胜任且对企业有认同度的员工，圈牢顶级人才	人均效能、员工敬业度
6	速度	让重要的变革快速启动	库存周转率、资金周转率、交货时间
7	问责制	制定有助于催生高绩效的规则	绩效推行比例、绩效反馈面谈比例
8	协同	跨越边界开展工作，包括专业、部门、组织内外部的边界	人才内部流动率、创意推广率、一体化方案提供情况
9	学习	产生有影响力的创意并在组织内推广	人均效能、员工敬业度
10	创新	实施创新，无论是在内容上还是在流程上	过去三年中新产品/服务创造的收入（利润）百分比
11	精简化	保持战略、流程和产品的精简化	单项活动所占用的时间、单位成本
12	社会责任	为更广泛的公众利益作出贡献	社会声誉能够通过外部机构评价的企业声誉来衡量
13	风险	预测风险，管理风险	员工流失率提高，生产率下降
14	效率	有效管理运营成本	产品成本、劳动力成本、资金成本

我们在对组织效能的内涵、模型、指标进行广泛分析的基础上提出以过程加结果为一级维度，以组织效率、组织效益、人力资源效能、组织氛围为二级维度的组织效能评估体系，如图 17-2 所示。

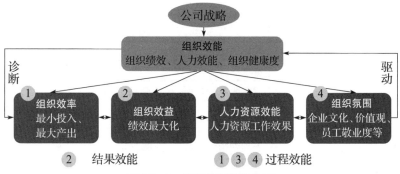

图 17 - 2　组织效能评估体系

维度一：组织效率提升助推战略目标实现

企业战略目标，尤其财务目标的实现通常有赖于销售增长与生产率提高。市场竞争的本质是效率的竞争，效率提升是内涵式发展的必由之路。以美的为例，效率驱动策略下，通过多项管理手段提升效率，同等规模下利润率提升 5 个百分点。

效率是评价企业能力的动态指标，反映出企业使用土地、资金等资源的能力，简而言之就是最小投入、最大产出。效率的衡量指标如表 17 - 2 所示。

表 17 - 2　效率衡量指标

维度	指标
效益增长情况	营收增长率
	成本增长率
	成本控制率 / 单位产品原材料及能源消耗量
	净利润率
	利润增长率
速度把控	总资产周转率

续表

维度	指标
速度把控	存货周转率
	资金周转率
时间把控	应收账款回款率
	进度控制
质量把控	良品率 / 次品率
资源利用	空间利用率 / 翻台率 / 坪效
	设备动用率
	投资收益率
	净资产收益率
	资产负债率

提升效率的方法包括：

● 优化人才结构，抓业绩提升关键性人才，如管理人员、核心业务或技术人员等。

● 加强标准化建设，促进行为 / 质量 / 能力标准化，确保质量的同时使产品与服务具有较强的可复制性，进而产生规模效应。

● 网状用工模式，加强人才复用，人才在不同项目、工作间复用可发掘人才价值，提升利用率。

● 提升核心人员能力，增加市场溢价。尤其是在智力服务型企业，领军人物在市场端具有较强的溢价能力。

● 服务升级，延伸客户价值链，深度捆绑客户，尤其是参与到大客户的价值链环节。

● 模式创新，提高认知，寻找蓝海，在成熟业务的基础上不断探索新兴业务。

- 加强新技术应用，提升效率。
- 兼并同业 / 互补公司，协同创造价值。

维度二：组织效益是战略的核心

效益包括规模与利润，一般用财务指标衡量。德鲁克认为，企业作为社会的细胞，其使命是为社会创造价值，而利润是实现价值的工具与持续发展的前提。效益是衡量组织能力的结果性指标，反映了某个时间段内的成果产出。效益指标如表 17－3 所示。

表 17－3　效益指标

维度	指标
经济效益	营业收入
	销售收入
	净利润
物质产出	产值
	产能
	开发体量

维度三：人力资源效能是战略的人才支撑

人力资源效能考虑到人的能力因素对组织绩效的影响，衡量诸多价值创造要素中人才本身的效能。

华夏基石在人力资源效能评价中引入平衡计分卡模型，分为财务、客户、运营、战略四个层面，分别从不同的角度评价人才效能，如图 17－3 所示。

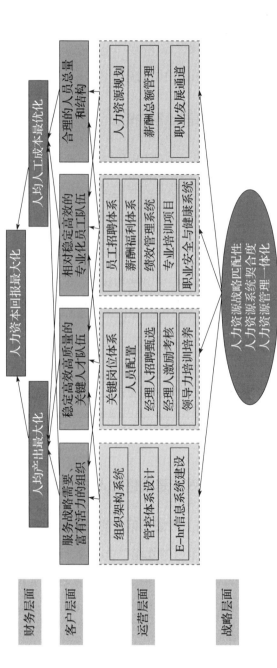

图 17 - 3 华夏基石人才效能评价

为便于比较，以上四个层面均可进一步提炼评价指标，通过量化或定性评价的方式纵向与自己比较、横向与他人比较，从而不断改进。以财务层面为例，评价指标如表 17-4 所示。

表 17-4　财务层面人力资源效能指标

一级指标	二级指标	指标描述或说明	指标类型
人工成本效益	人力资本回报率	人均净利润 / 人均人工成本	量化型
	人工成本占费用比例	人工成本总额 / 费用总额	
	人工成本占主营业务收入比例	人工成本总额 / 主营业务收入	
人均产出	人均营业收入	评价人均产出的效益	
	人均净利润		
	全员劳动生产率		

维度四：组织氛围潜移默化影响人员行为

组织氛围主要是指在不同企业价值观的影响下，员工感受到的软性的、环境性的影响因素。好的组织氛围符合企业所在行业特性与自身实际，引导员工的想法与行为。比如华为提倡奋斗者与狼性文化，就是由于身处竞争激烈且前期需要持续赶超的行业；阿里巴巴提倡客户导向与个人英雄，也是起家时的电商业务所需要的。组织氛围的评价指标如表 17-5 所示。

表 17 - 5　组织氛围的评价指标

维度	指标
企业整体	雇主品牌
	组织氛围
	人力资源工作的行业美誉度
	领导力测评全球排名
员工满意度	员工敬业度
	员工满意度
	缺勤率
	价值观考核结果纵向对比
人员流动	中长期员工占员工数的比例
	员工平均服务期
	员工流失率
	员工自愿流失率
	关键岗位员工流失率
	高绩效员工流失率
	核心人才保留率
	战略性人才储备完成率
	关键岗位继任计划覆盖率

　　组织效能评估指标体系注重过程性与结果性，包括组织效率、组织效益、人力资源效能、组织氛围四个维度。选取哪些指标应根据 ODer 评价的需要有所侧重，重在评估变革的效能进而开展下一轮的变革。

二、组织效能评估五步法

第一步：根据需要构建指标体系

为更加具体地衡量组织效能，为后续体系优化工作提供明确的参考框架，应根据企业实际设计指标体系，并对指标目的、含义进行界定，明确指标评价方式。为便于操作，指标可设置从一级到三级不同层次，针对第三级指标明确含义、目的、计算方式等。尽可能采用量化指标，对部分关键但无法量化的指标采取专家评议法等定性评价方式。

第二步：对指标体系赋予权重、评分标准

明确评分标准有利于将指标操作化，便于对标找差距。标准一般来源于以下方面。

● 与规范比较：与科学、合理、规范的体系标准相比，衡量目前成熟度状况及差距。

● 与计划比较：与企业发展规划、阶段性计划相比，衡量目前工作状况及差距。

● 与标杆值比较：与对标对象相比，衡量人才管理工作现状及差距。

● 与历史值比较：与过去三年平均值、三年中最高值或上年历史值相比，衡量工作是否有改进。

● 与同系统内单位比较（如有）：与系统内其他单位相比较，衡量组织效能现状及差距。

第三步：开展综合调研

根据评估内容与目的选择合适的调研方法，比如资料调研、标杆访谈、问卷调研、外部对标等。

第四步：收集数据进行统计分析

调研结束后应对数据进行清理进而开展统计分析，采取直观的方式展示调研各个方面的表现。比如雷达图可直观展示各维度得分，如图 17-4 所示。

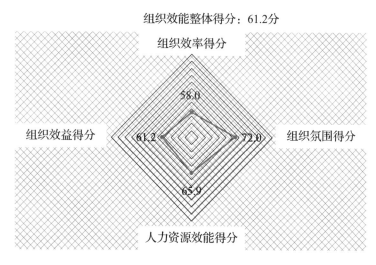

组织效能整体得分：61.2分

组织效率得分

58.0

组织效益得分   61.2   72.0   组织氛围得分

65.9

人力资源效能得分

图 17-4　雷达图示例

第五步：对标检视查找差距

OD 本身就是一个动态变革的过程，没有终点只有起点。组织效能评价除了分析变革的效果，更重要的是分析问题找到差距，为下一步改进提供依据。

在上一步的分析中，通过数字能够直观定位问题所在，在此基础上还应对问题进行剖析。表 17-6 展示了国内某银行对人才甄选的效果评估。

表 17-6　国内某银行对人才甄选的效果评估

模块	人力资源管理最佳实践	国内某银行现状
人才甄选 / 招聘	HR 必须确定符合公司发展愿景的能力，拥有和公司业务发展相一致的人力资本 ● 清晰界定各岗位必须具备的知识、技巧和能力 ● 确认合格的内外部应聘者，实现人岗匹配 ● 根据员工的能力发展情况进行人才甄选和提拔	● 尚未建立和公司战略相一致的能力模型 ● 对各岗位需要的能力尚未进行清晰的界定，在人才的甄选、任用、提拔上缺乏科学的依据 ● 缺乏系统的符合能力需要的甄选工具，招聘的信度和效度缺乏保证

通过与最佳实践进行对比分析，该银行发现在人才甄选方面能力标准、甄选工具尚不完善，应根据查找出来的问题制定下一步的改进计划。

/ 第三篇 /

OD 案例篇

// 第 18 章 //

华为 OD：从战略到执行

华为其实没有很明确地提出 OD 工具是什么，只有 OD 的历程和具有 OD 底层逻辑的方法论（BLM 模型）。

华为从 1995 年开始邀请华夏基石董事长彭剑锋教授参与内部一系列人力资源改革项目，于 1998 年完成了具有重大意义的企业价值纲领《华为基本法》，1998 年邀请 IBM 推进 IPD 和 ISC 的流程化变革，5 年共投入 30 亿元人民币，手笔之大，决心之强，业内少见。

除了 IBM，华为还聘请埃森哲、波士顿、普华永道和丰田董事等几十家管理咨询机构为公司提供服务，从 1996 年开始，华为支付给各类咨询公司的咨询费超过 500 亿元人民币，涉及研发、供应链、财经、人力资源、市场等各方面的制度、流程体系。

华为虽然没有明确的 OD 概念，但一直在践行着"持续变革，持续提升"的 OD 理念。华为具体的管理变革与实践如表 18 - 1 所示。

表 18 - 1　华为世界级管理变革与实践

1997 年	2005 年	2009—2011 年	2013—2019 年
集成产品开发 集成供应链 人力资源管理 质量管理 财务管理	领导力开发 集成财经服务 客户关系管理 全球大客户管理 联合创新管理	贴近客户的组织 面向解决方案的组织 线索到回款、端到端流程 市场到线索 合作伙伴关系管理 资本投资项目 集成服务与交付 品牌管理 知识管理	战略到执行 DSTE 大零售变革 产品配置包 账实相符

一、组织历程：围绕战略不断调配组织

1987 年，华为成立，只有 10 来个人，无所谓组织结构。1991 年，公司有 20 多个人，采取的是中小企业普遍采用的直线型组织结构，所有员工直接向任正非汇报。

1992 年，华为员工增至 200 人左右，组织结构从直线型转变为直线职能制，如图 18 - 1 所示，既有业务流程部门，如中研总部、市场总部、制造部，也有支撑流程部门，如财经系统、行政管理部等。

当时华为的战略就是活下去，在单一产品的持续开发与生产中，以农村包围城市的方式，通过低成本迅速占领市场，这种直线职能制组织结构使得华为的资源能够聚焦，内部运转极为高效，

图 18 - 1　1992 年华为组织结构

让华为在激烈的市场竞争中存活下来。

1995 年，华为销售收入达 15 亿元，员工达到 800 人，成为全国电子行业百强排名第 26 位的民营企业，进入发展的快车道。到 2000 年，公司销售额突破 200 亿元，同时海外市场开始开花结果。随着业务规模和市场区域不断扩大，华为开始进行组织结构的调整，从划小经营单位开始，建立了事业部与地区部相结合的二维矩阵制组织结构，如图 18 - 2 所示。

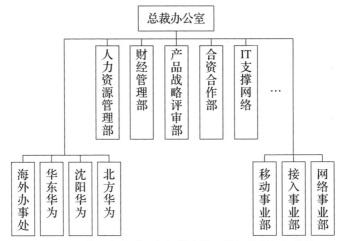

图 18 - 2　事业部与地区部相结合的二维矩阵制组织结构

2000 年之后，华为建立起企业管理平台、技术平台、运作支持平台，实行全面的项目管理，并建立许多跨部门矩阵式组织。

组织结构调整后，华为从单一产品提供商向全面解决方案提供商转变，满足了客户的多样化需求，提高了员工的积极性、主动性，同时培养了一批高级别管理人才和综合管理人才。

2003 年，走出互联网泡沫困境之后，华为基本上保持了 40% 的年复合增长率，2010 年销售额达到 1 853 亿元，首次跻身全球 500 强。2004—2012 年，华为从全面通信解决方案电信设备提供商向提供端到端通信解决方案、客户或市场驱动型的电信设备服务商转型，员工也从 2004 年的 3 万人增至 2012 年的 13.8 万人，在这个时期，华为的组织结构渐进式演变，从事业部与地区部相结合的组织结构转变为以产品线为主导的组织结构。

2010 年，华为从单核架构调整为多核架构，划分运营商 BG、企业 BG、消费者 BG 和其他 BG。2011 年，研究和开发职能在组织层面分开，各 BG 下面有产品线，研究职能分开，成立 2012 实验室，同时成立服务、供应链、华为机器、华为内服平台，如图 18 - 3 所示。

问题是，各 BG 扩张欲望强，资源难以共享，产品重复开发愈演愈烈，市场主维度被削弱，各 BG 都试图直接进入市场，和区域之间的矛盾愈演愈烈。

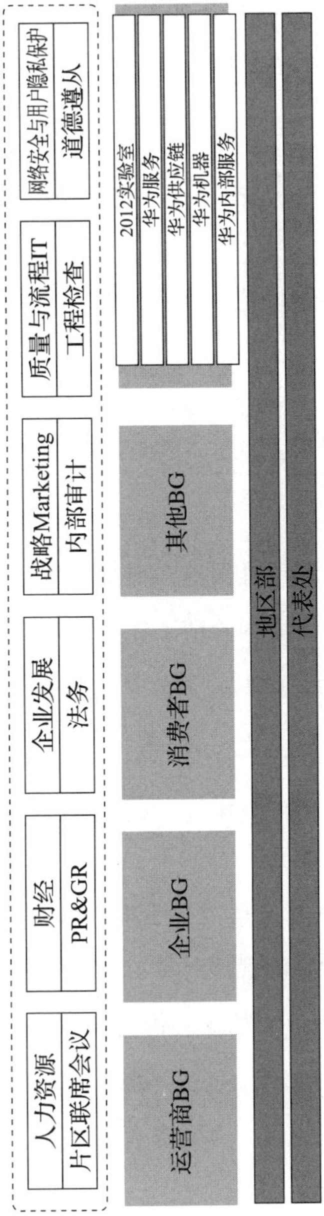

图18-3 2011年华为组织结构调整

2014 年，华为继续进行组织结构优化与调整，市场体系重新确立区域为主维度，负责所有区域内销售组织管理。运营商和企业 BG 研发组织重新回归产品和解决方案体系，BG 只有营销职能，是专门的市场经营组织，华为重新回归基于分工的大平台模式。

2014 年后，华为整体架构变为：平台 + 集成经营体 + 项目前端，如图 18 - 4 所示。

平台主要为研发大平台、市场大平台、职能大平台，集成经营体包括运营商、企业网、消费者、云与 AI，项目前端就是我们熟知的"铁三角"。

从华为的组织历程不难看出，不断从分工走向协同，从流程协同走向赋能式平台协同，验证了任正非对组织的要求"方向大致正确，组织充满活力"。

二、文化历程：以客户为中心不动摇

华为的文化经历了三次大的变革，体现在《华为基本法》、《天道酬勤》和《人力资源管理纲要 2.0》上。

《华为基本法》中提出的核心价值观涉及追求、员工、技术、精神、利益、文化、社会责任等，明确了华为的追求即"永不进入信息服务业"，也提出了"人力资本增值的速度要高于财务资本增值的速度"等观点。

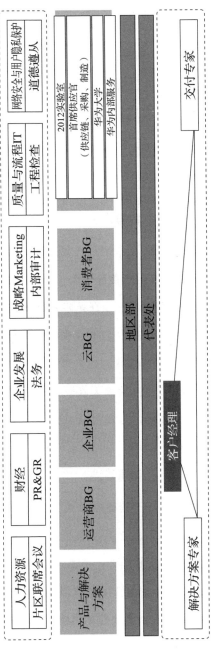

图 18 - 4　华为整体架构

1996 年，通信市场急剧扩张，市场需求持续处于饥渴状态，为华为带来了前所未有的发展机遇，市场带动华为迅速进入高速成长期，营销网络建设与人员管理问题变得十分突出，组织的系统性问题也浮出水面，内部甚至出现了"鸟同猪讲"和"鸡同鸭讲"的怪相。

| 洞 见 |

鸟同猪讲

老板带着对未来的憧憬，给管理团队描述了伟大的理想和抱负，结果管理团队没听明白老板到底在讲什么。为什么听不懂？是不是要装着听得懂？可是装懂了，下一步还是不知道怎么做啊？

老板看着管理团队一脸茫然，非常生气，你们这群猪，怎么听不明白我说什么呢？

长此以往，管理团队吐槽老板又在说鸟语了，老板也苦恼战略方向没人理解，无法落地，形成老板在天上飞、管理者在地上爬的"鸟同猪讲"现象。

鸡同鸭讲

组织规模不断扩大，研产销逐渐分离，业务部门和职能部门也各司其职，各部门在专业语境下越来越自说自话，市场部门以市场语言体系给研发部门提出需求，研发部门表示听不懂，研发部门以技术语言体系给市场部门提出建议，市场部门也听不懂，最后不同专业条线互相吐槽，真是"鸡同鸭讲"。

经过一年多的努力，《华为基本法》完成初稿。1996 年 12 月 26 日，《华为基本法》第四次讨论稿刊登在第 45 期《华为人》报上，任正非要求所有干部职工带回去读给家人听，回到公司后提出自己的意见和建议。经过 1997 年一年的讨论、修改，《华为基本法》改到第八稿。到 1998 年 3 月最终定稿，前后进行了 10 次修改，从开始筹备到成稿历时三年。《华为基本法》明确了华为人的共识，为未来成长奠定了坚实的基础，可以说，没有《华为基本法》，就没有今天的华为。

文化也是在不断变革的，华为的第二次文化大激荡源于《天道酬勤》一文的发布。2006 年，胡新宇"过劳死"事件在社会上掀起了不大不小的波澜，从质疑"过劳死"，到质疑华为的加班文化、床垫文化、狼性文化等，公司内部也质疑绩效考核和企业文化，甚至有员工通过邮件等各种形式向外部反映华为的负面情况，爆料各种内幕，华为人引以为豪的艰苦奋斗价值观被推到了风口浪尖。

面对外部的责难，公司内部出现了动摇，为了坚定华为人的信念，任正非提出"真正搞出一篇纲领性、史诗般的文章，把坏事变成好事，促进华为长期稳定发展"，由副总裁牵头，两周时间十余人八易其稿，推出《天道酬勤》，其意义在华为发展史上仅次于《华为基本法》。

《天道酬勤》准确回答了"华为是什么"和"华为为什么"，是深陷舆论漩涡中华为艰难的自我救赎，是危急时刻华为完美的自我身份证明，是华为核心价值观的再升华，华为的"以客户为中心，以奋斗者为本，长期坚持艰苦奋斗，坚持自我批判"的核心价值观，即发源于这篇文章。

2018 年，华为《人力资源管理纲要 2.0》再次对核心价值观进行了演进，对内依然坚持以客户为中心，以奋斗者为本，长期坚持艰苦奋斗，对外则强调开放、合作、共赢、至诚守信，华为的使命和愿景也重新定义为"构建万物互联的智能世界"。

三、激励方式变革：坚持以奋斗者为本

华为向来推崇蓝血绩效文化，"高业绩、高压力、高回报"催生了一批勇士。华为的激励机制有很多种类型，有"以岗定级，以级定薪，人岗匹配，易岗易薪"的薪酬体系，有以"金牌团队、金牌员工"为首的荣誉激励体系，也有奋斗者的饱和配股体系。作为全员持股的典型代表，华为的股权激励计划也在不断调整。

1990 年，初创期华为面临扩大再生产和提高研发能力的双重需求，需要大笔资金。华为不得不启动股票激励计划，股票发行价格为 1 元，税后利润的 15% 作为红利（当时华为员工平均持股 1.5 万股，每年分红 0.7 元 / 股）。

2000 年，由于互联网泡沫危机，华为在资金压力下再次调整激励方案，实施虚拟受限股，主要强调股票的增值与分红，激励对象不再享有表决权，同时强调员工离职后激励福利丧失，该类期权的行权期限为 4 年，每年享有 1/4，从初创期的全员激励转向核心技术员工以及管理层的重点激励。

2003 年，非典危机令出口受到影响，华为进一步调整虚拟受限股，明确了配股锁定期，即员工 3 年内不得兑现，一旦离开期权即作废，同时兑现比例下降到每年 1/10。

2008 年，金融危机暴发，面对华为发生员工大批赎回所持股票的现象，华为进一步革新，基于员工岗位级别确定持股上限，实施饱和配股激励计划。

2014 年，由于虚拟股信贷计划被主管机构暂停，华为推出了 TUP（time unit plan）计划，即每年根据不同员工的岗位及级别、绩效配送一定比例的期权，这种期权不需要花钱购买，周期一般是 5 年，购买当年没有分红，前三年每年分红 1/3，第四年获得全部分红，最后一年获得股票增值结算，然后股票数额清零。

华为根据企业不同发展阶段和面临的不同问题，动态调整股权激励计划以适应新情况，这种思路就与"持续变革，持续提升"的 OD 理念一致。

四、OD 方法论：BLM 模型

从华为的 OD 历程就可发现，华为从来没有提到要做 OD，但一直在践行 OD 的理念，不断优化，持续变革，持续完善，持续提升。当然，华为也有自己的变革方法论，即 BLM 模型。

BLM（business leadership model）模型，一般翻译为"业务领先模型"，是 IBM 为华为研发的一套完整的战略规划方法论，如图 18－5 所示。

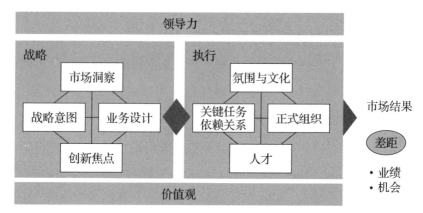

图 18－5 华为 BLM 模型

1. 领导力是根本

华为高管层每年都会亲自领导 BLM 模型的战略设计与战略执行。要对外部市场持续洞察、识别新的机会、开发业务设计，并且确保这些设计是切实可行的，就需要管理者有极强的领导力。

2. 价值观是基础

战略设计与执行也要遵循公司使命愿景，价值观是日常决策与行动的基本准则。

3. 差距是激发战略的源头

现状和期望业绩之间的差距所带来的不满意是战略的起源，所以战略规划的依据来自差距分析与战略意图。

差距分析来源于两个方面，即业绩差距与机会差距。

● 业绩差距：分析业绩目标与完成值之间的差距，找到根本原因，提出破局点，表 18-2 为示例。

表 18-2　业绩差距分析示例

维度	目标值	实际值	根本原因分析	破局点
公众号关注量	3 万人	2 万人	文章内容干货不足，难以吸引 HR 讲课内容差异化不够，没有优势	重新调整文章定位 优化课程结构

● 机会差距：自身哪些能力不足或准备不充分（与竞争对手相比），导致失去了可以抓住的机会？找到根本原因，提出破局点，表 18-3 为示例。

表 18-3　机会差距分析示例

维度	机会差距描述	根本原因分析	破局点
视频号	未能把握风口，没有在第一时间推出视频号	缺乏视频剪辑类人才 没做好短视频转型准备	招人

4. 市场洞察

市场洞察的价值在于找准定位，可从"五看三定"入手，即看趋势、看行业、看客户、看竞争、看自己，对企业所处环境进行全景扫描，寻找战略机会点和机会窗机会点，确定企业的初步战略思路，为战略意图"定控制点、定目标、定策略"奠定基础。

5. 战略意图

基于差距分析和市场洞察确定机会、威胁与破局点，明确公司的战略意图。战略意图包括愿景、战略目标、分解目标等分层次的战略描述，如表 18 - 4 所示。

表 18 - 4　分层次的战略描述

战略层次	内容
愿景	对愿景的再次审视，战略目标与计划也要围绕愿景展开
战略目标	一般包括 3 年（5 年）的战略期望值和每年的战略期望值（收入、利润）
分解目标	市场目标、渠道目标、技术目标、质量目标、人才目标、财务目标等分解目标明确

6. 创新焦点

市场洞察后，找到了机会点，明确了战略意图和目标，该如何实现？传统的模式有优势也有弊端，所以要思考面对战略目标，应该通过何种路径，通过哪些创新焦点来实现，如表 18 - 5 所示。

表 18-5　创新维度及创新方式

创新维度	创新方式
未来业务组合	通过核心业务、成长业务、新兴机会的把握，获得差异化竞争优势
创新模式	成长创新：产品服务创新、市场创新、渠道创新 模式创新：业务模式创新、合作模式创新 管理创新：流程优化、其他管理创新
资源利用	需要核查和整合现有资源，配套相应资源

创新既有助于扫描自身的核心竞争力，也有助于思考下一步资源配置的路径和重点。

7. 业务设计

战略设计落实到业务设计环节，主要包括客户细分、客户关系、价值主张、关键业务、核心资源、重要伙伴等方面，如图 18-6 所示。也可以采取商业画布的方式来思考企业的业务设计。

好的业务模式可以有效提升企业的战略实现能力，获得差异化竞争优势。例如小米从传统的手机硬件销售变为"硬件—软件—互联网服务"铁人三项业务模式，硬件不赚钱，变成了良好的引流工具，当平台规模达到一定量级，就形成了双边甚至多边交互效应。

战略规划不仅涉及财务指标，还应包括战略回顾、战略目标、投资战略、技术战略、市场战略、客户战略、竞争战略、供应战略、渠道战略、合作与联盟战略、变革战略、品牌战略、公共关系战略等方面的细分和落实。

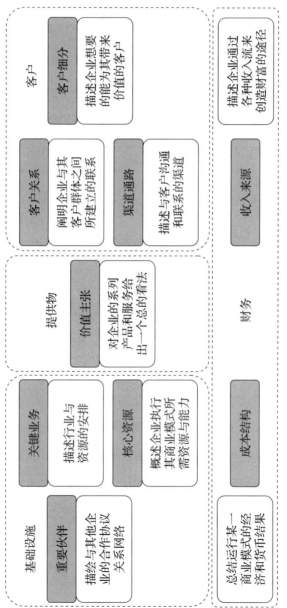

客户

客户细分
描述企业想要的能为其带来价值的客户

客户关系
阐明企业与其客户群体之间所建立的联系

渠道通路
描述与客户沟通和联系的渠道

提供物

价值主张
对企业的系列产品和服务给出一个总的看法

基础设施

关键业务
描述行业与资源的安排

核心资源
概述企业执行其商业模式所需资源与能力

重要伙伴
描绘与其他企业的合作协议关系网络

收入来源
描述企业通过各种收入流来创造财富的途径

财务

成本结构
总结运行某一商业模式的经济和货币结果

图 18 – 6 业务设计

以上是战略设计环节，从市场洞察、战略意图、创新焦点到业务设计，将战略目标、战略澄清、战略路径明确界定。战略执行则保证战略有效落地。

8. 关键任务

战略设计完成后，就进入了战略执行阶段，涉及关键任务、正式组织、人才、氛围与文化等方面。

从业务设计到关键任务执行，就是战略解码的过程，需要对业务模式从客户管理、产品营销、产品开发、渠道、技术、风险管理等维度进行系统分解。可以采取鱼骨图或价值树的方式进行系统分解。

每个关键任务要形成关键任务卡片，如表 18 - 6 所示。

表 18 - 6　关键任务卡片

关键任务名称	客户满意度调查
关键任务描述	通过建立客户满意度调查机制，了解客户对产品质量、交期、产品开发能力和客户服务等各方面的满意度，了解客户需求重点和改善重点，不断提升客户满意度
战略目标责任人	营销副总经理
对收益和预期的影响	通过不断改善，提升客户满意度，打造服务型品牌形象
所需资源概要	人：开发、报价、工艺、销售、生产、计采、质检、配送、单证 财：必要的经费 物：必要的办公条件

关键任务责任人	市场部副主任		
开始日期	2020-02-01	结束日期	2020-06-01
所支撑的战略目标	创造客户价值，提高客户满意度；打造高品质、服务型品牌形象		
项目小组成员	市场部：张三、李四、王五、赵六		
里程碑	里程碑日期	里程碑描述	责任人
设计客户满意度调查表	2020-02-05	设计调查问卷	
发送调查表	2020-02-10	以邮件形式向所有客户发送满意度调查表	
⋮			

9. 正式组织

明确业务设计与关键任务后，要站在业务设计的角度，设置组织及职能。如果是业务 / 职能单元，则设置该部门的组织架构及职能；如果是以项目 / 关键任务为单位，则设置该项目的组织及职能。

在进行组织设计时，也要从职能出发配置岗位，还要考虑组织协同、管理与激励等方面。

华为为云与 AI 业务单独设立业务单元，就是为了更好地拓展业务。而针对消费者 BG 允许独立设立董事会，也是为了加强授权，加快市场反应速度。

华为发展至今，组织经历了几次迭代升级，随着业务的不断发展，华为的组织模式仍然会不断调整。

10. 人才

业务不变时，需要源源不断的人才供给，让人才内部自由流动，充满活力。业务变化时，会带来相应的人才需求，需要从外部或内部获取人力资源，同时也要考虑如何激励和保留人才。

华为在核心人才管理模块有人才供应管理和领导力与人才管理两大核心流程，各自配套了次级管理流程与模块，如表 18 - 7 所示。

表 18 - 7 华为人才供应管理和领导力与人才管理核心流程

一级流程	二级流程	三级流程
人力资源管理	人才供应管理	管理人才供应规划、内部调配、外部寻源、外部录用管理、面试考核、入离职管理、管理雇主品牌、租用人员管理等
	领导力与人才管理	管理人才策略、管理人才标准、管理人才识别、管理任免、管理上岗、管理个人绩效、管理人才发展、人才监督等

11. 氛围与文化

企业文化并非空谈，也并非一成不变，在坚守使命、愿景、核心价值观的情况下，企业每年要根据战略重心调整文化主题。华为有一系列文化管理手段，比如奋斗者配股机制、劳动态度评价、荣誉体系建设、自我批判机制、行为规范、宣誓大会等。前面提到的华为文化的三次变革，也是不断适配战略而调整文化之举。

从 BLM 模型中不难发现，华为虽然没有 OD 的职能，但是实际上一直在执行，从战略规划、澄清与落地，到组织模式优化、人才队伍梳理、文化落地重塑与再造。企业在推进 OD 的时候，模式并不重要，关键是要将"持续变革，持续提升"的理念真正落到实处，那就是优秀的 OD 实践。

第 19 章

阿里巴巴 OD：五项修炼与独孤九剑

成熟的企业，OD 职能都类似，但不同的巨头，OD 体系大不相同。不同于华为有职能无体系的低调务实，阿里巴巴的 OD 体系是目前巨头中最响亮、最完善也是最复杂的。提到阿里巴巴的 OD，就会出现很多概念，比如"诊断神器六个盒子""凝聚神器共创会""干部培养神器三板斧""团队协同神器晒 KPI"等，乱花渐欲迷人眼。

陈祖鑫系统整理了阿里巴巴的 OD："五项修炼"与"独孤九剑"。五项修炼指的是提神醒脑（确保方向一致）、健身增肌（追求持续发展）、通畅经络（保障高效有序）、修炼心法（实现文化落地）、望闻问切（系统思考问题）。

- 确保方向一致维度：阿里巴巴在业务探索方面采用的是战略共创、目标通晒，在业务总结方面实行项目复盘和集体复盘。

- 追求持续发展维度：阿里巴巴首先做人才的盘点，然后拿出提升干部与管理梯队能力的"三板斧"。

● 保障高效有序维度：阿里巴巴在组织设计方面紧贴战略，优化升级，在组织激活方面着重激励体系的搭建与优化。

● 实现文化落地维度：阿里巴巴通过政委体系，提升团队凝聚力，推动业务实现与文化落地。

● 系统思考问题维度：引入韦斯伯德的六盒模型，作为组织诊断的利器。

阿里巴巴在 OD 体系上确实下了很多功夫，其他企业要想学习，可能会知其然而不知其所以然。学习最忌生搬硬套，我们从阿里巴巴繁杂的操作技巧中提取出一根主线，从战略、组织、文化、人才、机制层面剖析阿里巴巴的 OD 值得大家学习的地方。

一、战略飞轮：五环构建"规模企业"

创业至今，阿里巴巴的商业模式经历了多次迭代，但从其最底层算法抽象出来，会发现相同的本质，那就是"以客户为中心"和"以规模为目标"。

"客户第一"是阿里巴巴的核心价值观，以客户为中心，提升客户用户体验是最基本的战术落脚点。

"以规模为目标"是发展的基本逻辑，要追求更大规模客户、更大规模 GMV（成交总额），将长期经营作为基本追求。

在这样的目标追求下，阿里巴巴的战略和商业模式实现了五个层次的飞轮效应。

- 电商飞轮：阿里巴巴、淘宝、天猫三大电商平台囊括了 B2B、B2C、C2C 不同商业场景，通过提升用户体验，带来海量流量，实现客户数量的增长，进一步强化电商平台的价值。

- 金融飞轮：以支付宝作为买卖双方信用赋能工具，衍生出天弘基金、蚂蚁金服等金融工具，进一步强化用户体验—流量—客户数量—服务平台的飞轮效应。

- 物流飞轮：从打通物流智慧供应链系统到菜鸟物流，再到参股八大快递公司，通过赋能商家，提高货品周转效率，进一步增强飞轮效应。

- 技术基础飞轮：为应对"双十一"的天量级流量，加强系统的稳定性，采用阿里云计算，进一步通过技术基础设施为 B 端赋能，增强飞轮效应。

- 万物互联飞轮：通过 IoT 平台的打造，利用阿里巴巴 ET 大脑的人工智能技术，产生新一轮的飞轮效应。

从以上五大飞轮效应不难看出，阿里巴巴的商业模式在不断衍生和递进，而且存在很多非关联性二次曲线，但回过头看阿里巴巴的使命愿景就会发现，五大飞轮仍是在为核心的使命和愿景服务。

- 使命：让天下没有难做的生意。

- 愿景：我们不追求大，不追求强，我们追求成为一家活 102

年的好公司，到 2036 年，服务 20 亿消费者，创造 1 亿就业机会，帮助 1 000 万家中小企业盈利。

当我们从阿里巴巴的使命出发，就会发现电商平台、金融体系、物流网络、技术基础、人工智能本质上都是为了更好地服务消费者和商家，让天下没有难做的生意。而在战略和业务模式明确之后，配套的组织结构、企业文化、人才队伍和机制就有了清晰的方向和抓手。

二、组织载体：搭建内外赋能平台

成立至今，阿里巴巴的组织架构一直在跟随战略调整，主要包括以下五个大的节点。

- 2006 年，成立 B 端、C 端事业部。
- 2011 年，将淘宝分为 3 大事业部。
- 2012 年，成立 7 大事业群。
- 2013 年，细分 25 个事业部。
- 2015 年，推行"大中台、小前台"变革。

2006 年，阿里巴巴将雅虎中国、淘宝网、支付宝、竞价收入部和集团广告销售部重新整合为 C 端事业部，主要面向个人用户；同时将企业电子商务和正在筹备中的阿里软件整合为 B 端事业部，主要面对企业用户，如图 19-1 所示。变革让 C 事业部的不成熟业务得到了良好发展，阿里旗下子公司之间业务系统、管理系统和组织文化全面打通，同时实现了共有的研发资源平台化。

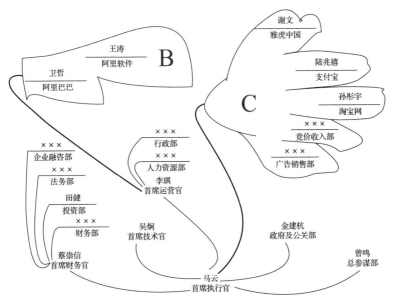

图 19 - 1　2006 年阿里巴巴组织架构调整

2011 年，淘宝被分拆为三家公司：一淘网、淘宝网和淘宝商城，采用总裁 + 董事长的机制运营，三家公司共享技术和公共服务的大平台，如图 19 - 2 所示。此次组织变革提升了淘宝商城的地位，将"大淘宝"战略提升为"大阿里"战略，明确了阿里的产业分化，进一步推动公司发展。

2012 年，阿里巴巴继续调整组织架构，如图 19 - 3 所示，从原来的子公司调整为事业群制，共包括七大事业群：淘宝网、一淘网、天猫、聚划算、阿里国际业务、阿里小企业业务、阿里云。同时组成集团 CBBS（消费者、渠道商、制造商、电子商务服务提供商）大市场，加快电子商务业务生态的整合。

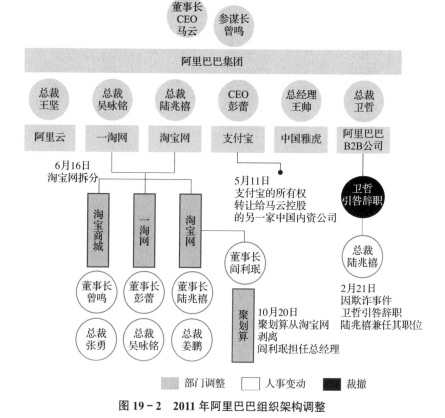

图 19-2　2011 年阿里巴巴组织架构调整

图 19-3　2012 年阿里巴巴组织架构调整

此次调整，阿里集团进一步完善内部生态系统，建立合理的组织机制以全面提升集团对企业用户和消费者的服务能力，打造一个开放、协同、繁荣的电子商务生态系统。

2013 年，面对商业系统生态化趋势，以及无线互联网带来的机会和挑战，集团现有业务架构和组织进行相应调整，成立 25 个事业部，各事业部的业务发展由"独孤九剑"各位总裁（总经理）负责，如图 19 - 4 所示。

2015 年，阿里宣布全面启动 2018 年中台战略，构建符合 DT 时代的更创新灵活的"大中台，小前台"组织机制和业务机制，如图 19 - 5 所示。作为前台的一线业务会更敏捷、更快速地适应瞬息万变的市场；中台将集合整个集团的运营数据能力、产品技术能力，对各前台业务形成强力支撑。此举推动集团电商零售平台的全面改革升级，实现云计算、阿里妈妈、菜鸟等新兴业务的全面独立发展。

企业学习阿里巴巴组织架构调整的经验，要关注两点：一是组织架构不断适配战略进行调试；二是借鉴平台型组织的思路，搭建赋能中台，提升组织战略承载能力。

三、企业文化：六脉神剑寻"同道人"

阿里巴巴的价值观经历了三次演变：独孤九剑、六脉神剑和新六脉神剑。

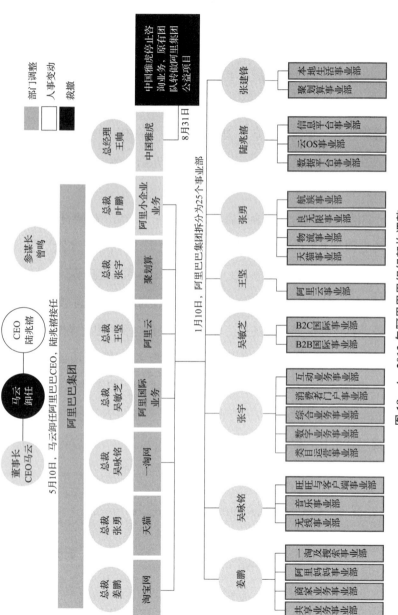

图 19 - 4 2013 年阿里巴巴组织架构调整

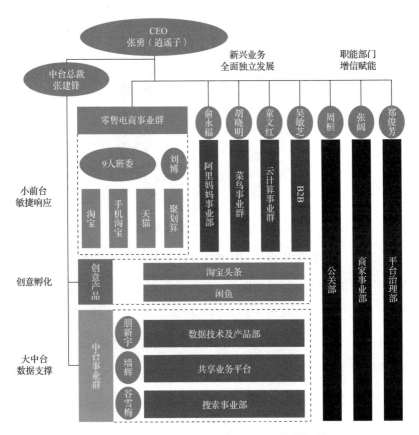

图 19 - 5　2015 年阿里巴巴集团组织架构调整

2001 年初，有 17 年通用电气工作经验的关明生加入阿里巴巴担任 COO（首席运营官），在关明生的建议下，以马云、蔡崇信、彭蕾等为主的阿里创始人团队提炼了阿里巴巴第一版的价值观，即独孤九剑：创新、激情、开放、教学相长、简易、群策群力、专注、质量、服务与尊重，如图 19 - 6 所示。

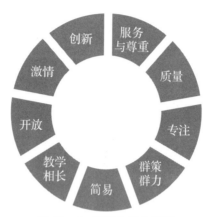

图 19 - 6　独孤九剑价值观

　　2004 年，在微软担任 HRBP（人力资源业务合作伙伴）的邓康明加入阿里巴巴，担任 HRVP（人力资源副总裁），他召集多位管理者参加会议，历时两天的共创与讨论，产生了新的价值观：客户第一、团队合作、拥抱变化、激情、诚信、敬业，命名为"六脉神剑"，如图 19 - 7 所示。

图 19 - 7　六脉神剑价值观

2019 年 9 月 10 日，阿里巴巴成立 20 周年之际，推出经过半年多时间 20 多轮研讨形成的"新六脉神剑"：客户第一，员工第二，股东第三；因为信任，所以简单；唯一不变的是变化；此时此刻，非我莫属；今天最好的表现是明天最低的要求；认真生活，快乐工作，如图 19－8 所示。

图 19－8　新六脉神剑

新老六脉神剑，既有传承，也有创新，在很多人看来没有优劣之分，只有合适与更合适的区别，毕竟 15 年过去了，阿里巴巴的员工数量、商业逻辑和市场规模已经有了极大变化。

表 19－1 所示为新老六脉神剑对比。

表 19 - 1　新老六脉神剑对比

新六脉神剑	老六脉神剑
客户第一，员工第二，股东第三	客户第一：客户是衣食父母
因为信任，所以简单	团队合作：共享共担，平凡人做非凡事
唯一不变的是变化	拥抱变化：迎接变化，勇于创新
今天最好的表现是明天最低的要求	诚信：诚实正直，言行坦荡
此时此刻，非我莫属	激情：乐观向上，永不放弃
认真生活，快乐工作	敬业：专业执着，精益求精

针对新六脉神剑价值观，阿里巴巴进行了相关解读，并细化了行为准则。以"客户第一，员工第二，股东第三"为例，阿里巴巴是这样解析的：这条价值观来自阿里巴巴对公司、客户、员工和股东关系的思考，把"客户第一"单独提出来，很容易变成一句口号，将其放到与员工、股东对比的角度来看，才能明白客户价值的优先级与重要性。

新六脉神剑还明确了相应的行为描述，例如"客户第一，员工第二，股东第三"就细分为四个等级。

- 心怀感恩，尊重客户，保持谦和。
- 面对客户，即便不是自己的责任，也不推诿。
- 把客户价值当作我们最重要的 KPI。
- 洞察客户需求，探索创新机会。

为了保障企业文化的贯彻和落地，阿里巴巴还细化了价值观考核，配套了政委制。

政委在阿里叫HRG（HR generalist），可译为HR多面手，是什么都要管的意思。政委实质上是公司派驻到各业务线的人力资源管理者和价值观管理者，与业务经理一起负责所在团队的组织管理、员工发展、人才培养等方面的工作。政委和HR既有联系也有区别，具体如表19-2所示。

表19-2　阿里巴巴政委与HR对比

	政委	HR
侧重点	管心，管思想	管身，管行为
主要抓手	干部建设、团队、氛围	制度建设、员工绩效、职业化
主要产出	忠诚度、幸福感、领导力	满意度、敬业度、执行力
激励特征	重精神激励	重物质激励
工作特征	闻味道，照镜子	调研与组织诊断

阿里巴巴的政委体系包括CPO（首席人才官）、总政委、大政委和小政委四个层级。其中大政委直接与事业部总经理搭档，小政委则分布在具体的城市区域与区域经理搭档。

政委在用人、组织文化方面有一票否决权，给予业务经理思想上、方向上的指引和帮助，对于业务线的决策有明显的制衡作用。日常运营时，业务线关注短期目标、业绩导向，政委线则关注长期目标、文化传承和干部培养，两者之间形成一种经营的张力和文化的牵引力，通过作用力和反作用力，既推动业务发展，也保障业务发展不跑偏、不走样。

阿里巴巴政委的特色工作总结起来主要有以下六个方面。

- 通业务：做好三项工作，即培训（陪着员工学习需要了解的基本业务、文化知识），陪练（陪着员工去业务管理的场景练习），陪访（陪着员工访问客户）。

- 闻味道：依靠专业的诊断和模型测评团队对组织进行判断，上半年会做一些盘点，反复观察，反复沟通，找出调研发现不了的内容，通过正式和非正式的沟通了解团队、组织和个人的情况。

- 摸温度：使用三板斧、六个盒子等感知团队的状况，同时，通过共创会将价值观摇摆的人识别出来。

- 照镜子：对待上级有胆量，对待平级有肺腑，对待下级有心肝。照镜子还有一个关键抓手，以别人为镜子，创造简单信任的团队氛围。

- 揪头发：你知道你的上级在想什么？上一个台阶看问题，把问题揪出来，让大家有全局观。

- 搭场子：用心建立沟通渠道，让所有人能够拉近心与心的距离，提升凝聚力和文化影响力。

四、人才管理：干部培养"三板斧"

阿里巴巴每年4—5月进行人才盘点。区别于其他公司，阿里巴巴是由 HR 提供工具和方法，由业务负责人进行盘点。

阿里巴巴盘点的四步法如下。

- 人才盘点：先由各级主管、HRBP 进行盘点，盘点完后逐级上报。

- 人才分析：OD 和 HR 负责人出具人才盘点报告。
- 人才策略：基于人才盘点报告，不同层面制定不同人才策略。
- 人才发展：制定人才发展方针，确保人才动态流动与平衡。

针对人才队伍中的骨干人群，阿里巴巴也有干部培养的三板斧。即根据干部层级分为"腿部、腰部、脑部"课程，不仅解决业务问题，还在培养管理能力的同时进行管理对焦。

2020 年起，在三板斧的基础上，阿里巴巴对每一层级的管理场景做了进一步梳理，各提出三个最核心的能力要求，统称"九板斧"，并配套了相应的培养体系，如图 19 - 9 所示。

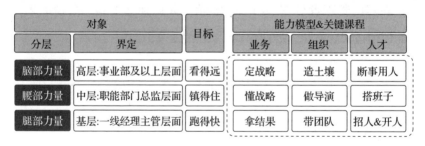

图 19 - 9　阿里巴巴管理三板斧培养体系

三板斧作为经典的干部培养方法，从业务、组织、人才三个方面帮助企业提升和改善，同时完成学员和高管嘉宾的双向修炼。对于 HR 而言，借助三板斧，可以从关注个体的 LD、TD 层面进阶到 OD 层面的思考。

在采用三板斧时，主要从业务、人才和组织三个维度入手，如表 19 - 3 所示。

表 19 - 3　从业务、人才和组织三个维度入手实施三板斧

业务：解决真实问题	人才：实战培养干部	组织：组织渗透文化
• 每个人带着真实业务问题参与培训现场立项 • 每天一轮问题的分析与解决 • 每天一轮嘉宾的点评与拍砖 • 最终带着实际成果下课	• 各小组根据原有建制参与或根据项目重新组队 • 每天绩效排名与淘汰 • 每天一轮团队总结反思 • 最终带着个人成长毕业	• 每天一轮强制排序，植入绩效考核理念 • 高强度的竞争压力，检验认同感和执行力 • 高管嘉宾全程参与，传递价值观与文化
明线	主线	暗线

三板斧是一个实战场景，作为学员的管理者在学习，作为高管嘉宾的管理者也在学习，比如学习如何辅导下属、激励下属，如何塑造团队文化，如何识别优秀人才，如图 19 - 10 所示。

学员	修炼	老板
三天三夜不睡觉	体力	三天三夜，全程盯下来，对自己也是考验
被挑战汗如雨下	脑力	给干部揪了头发，真的看清了干部弱在哪里
懂了管理是什么		
知道自己缺什么		给干部照了镜子，同步理清了对干部的要求
懂了老板要什么		
玻璃心碾得粉碎	心力	给团队炖了味道，真实落地使命愿景价值观
说了真想说的话		
懂得了视人为人		

图 19 - 10　三板斧实战

这三天三夜的学习，有利于关键业务的探讨和梳理，同时有

利于管理意识和管理技能的提升，实现团队融合与团队协同，增强团队凝聚力，激发士气。

当然，除了干部培养"三板斧"之外，阿里巴巴在人才队伍方面还有很多典型实践，因篇幅有限，此处不做详细介绍。

五、机制建设：合伙人与职级体系

同其他互联网公司一样，阿里巴巴集团采用双序列职业发展体系（如表19-4所示）。一套体系是专家路线（P序列＝技术序列），如程序员、工程师，是某个专业领域的人才，一共分为14级，从P1到P14。一套体系是管理者路线（M序列＝管理序列），一共分为10级，从M1到M10。

表19-4　阿里巴巴双序列职业发展体系

层级	层级名称	层级	层级名称
		M10	董事长
P14	资深科学家	M9	副董事长
P13	科学家	M8	执行副总裁
P12	资深研究员	M7	资深副总裁
P11	高级研究员	M6	副总裁
P10	研究员	M5	资深总监
P9	资深专家	M4	总监
P8	高级专家	M3	资深经理
P7	专家	M2	经理

续表

层级	层级名称	层级	层级名称
P6	高级工程师	M1	主管
P5	中级工程师		
P4	初级工程师		
P3	助理		
P2	（一般空缺）		
P1			

作为互联网巨头，阿里巴巴的股权激励也是非常丰厚的，这里不做详细解读。阿里巴巴独有的机制中，有两个体系值得关注，一个是价值观考核机制，一个是合伙人机制。

阿里巴巴对新六脉神剑体系中的前五个（不含认真生活，快乐工作）价值观进行了系统的解读，并赋分来考核。如表 19-5 所示，每个核心价值观有 4 个行为描述，被考核者符合行为描述，可得 1 分，不符合，则得 0 分。总分为 20 分。自评和他评时，对照打分。

表 19-5　价值观及其行为描述

价值观	行为描述
客户第一，员工第二，股东第三	● 心怀感恩，尊重客户，保持谦和 ● 面对客户，即便不是自己的责任，也不推诿 ● 把客户价值当作我们最重要的 KPI ● 洞察客户需求，探索创新机会
因为信任，所以简单	● 诚实正直，言行一致，真实不装 ● 不唯上欺下，不抢功甩锅，不能只报喜不报忧 ● 善于倾听，尊重不同意见，决策前充分表达，决策后坚决执行 ● 敢于把自己的后背交给伙伴，也能赢得伙伴的信任

续表

价值观	行为描述
唯一不变的是变化	● 面对变化不抱怨，充分沟通，全力配合 ● 对变化产生的困难和挫折，能自我调整，并正面影响和带动同事 ● 在工作中有前瞻意识，建立新方法、新思路 ● 创造变化，带来突破性的结果
今天最好的表现是明天最低的要求	● 认真踏实，完成本职工作 ● 保持好奇，持续学习，学以致用 ● 不为失败找借口，只为成功找方法，全力以赴拿结果 ● 不满足于现状，不自我设限，打破"不可能"的边界
此时此刻，非我莫属	● 独立思考，独立判断，不随波逐流 ● 工作中敢于做取舍，敢于担责任 ● 打破边界，主动补位，坚持做正确的事 ● 在需要的时候，不计较个人得失，挺身而出，勇于担当

评价结果按照 A、B、C 强制分布，对应 30%、60%、10% 的比例，并同业绩考核结合，基于 18 个分区，对不同的考核结果有不同的应用。

为了避免上市后控制权旁落，阿里巴巴的治理结构打破了过去"股东会—董事会—高管层"的方式，加入了合伙人委员会，形成了独特的"董事会—董事会委员会—合伙人制度—高管层"的治理结构。

借助合伙人制度，管理团队利用 10% 多一点的股份，将企业发展的决定权留在了经营者而非所有者手中，马云用不到 7% 的股份牢牢掌握了阿里巴巴。

阿里巴巴背后的 OD 逻辑，目前尚无明确的共识，所以只能
介绍一些典型实践。

陈祖鑫的独孤九剑表有助于从不同角度来看阿里巴巴的 OD，
如表 19 - 6 所示。

表 19 - 6　独孤九剑表

序号	招式	内涵
1	全局思维：望闻问切	无论业务怎么变，六个盒子跑一遍
2	战略协同：面向未来	战略共创，目标通晒
3	团队反思：面向过去	业务复盘，群体反思
4	人才盘点：健身增肌	人才盘点
5	干部培养：管理三板斧	基层中层高层九板斧
6	激励体系：快马加鞭	定级别和薪酬、年终奖、股权和期权
7	组织进化：通畅经络	灵活多变的组织模式
8	文化打造：使命驱动	新六脉神剑，子橙文化
9	政委体系：赋能成长	大政委与小政委

第 20 章

京东 OD：OTC 价值主张

作为互联网巨头，京东在人力资源实践和 OD 领域也有独特的做法值得借鉴。

我们先从战略、组织、文化、人才、机制层面看看京东有哪些最优实践值得大家学习，然后介绍京东的 OD 逻辑：OTC 价值主张。

一、商业基础："刘三角"与"十节甘蔗"

刘强东针对京东所处的零售商业领域的商业特质，参考亚马逊的飞轮模型，提出了京东自己的"刘三角"模型，如图 20 - 1 所示。最顶层是用户，最底层是团队。团队是唯一的基础，没有团队什么目标都实现不了。

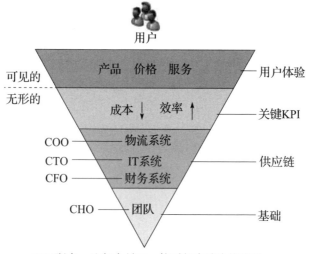

CEO职责：让每个员工、体系都在这个模型里

图 20 - 1　刘三角模型

在用户层面，京东的价值主张即涉及产品、价格、服务方面的"多快好省"，这是京东为用户创造的独特体验。为了给用户提供良好的体验，就必须打造核心竞争力。核心竞争力来自两个方面，即成本和效率，只有成本下降和效率提高，才能真正实现"多快好省"。

为了实现成本和效率优势，京东要打造三套系统，即信息系统、物流系统和资金流系统，这三套系统是京东的生命线，这就需要有凝聚力的团队。

在这样一个倒三角中，团队是基础，没有基础就没有上层建筑。三条生命线是保障，然后通过大数据不断优化，形成成本效率方面的独特优势，最终实现"多快好省"，带来好的用户体验。

从这个视角来解读，就会明白，为什么京东要不断在物流端加码，通过"211 概念"获得核心竞争优势。（211：上午 11 点前下单，下午送到，晚上 11 点前下单，第二天早上送达。）"211"后来发展为"311"，就是一日三送，甚至三小时送达。

京东基于价值链提出了消费品行业"十节甘蔗"，即针对消费品行业的品牌商和零售商两大群体，形成创意、设计、研发、制造、定价、营销、交易、仓储、配送、售后十个价值环节，如图 20 - 2 所示。短期来看，每节甘蔗的长度会变化，但是长期来看，甘蔗的总长度是固定的，所以京东要不断向上游拓展，不只是做交易平台，要努力并购整合，延伸到其他环节，"吃掉更多的甘蔗节数"。

图 20 - 2　十节甘蔗示意图

2017 年，京东预见第四次零售革命即将来临，"无界、精准"是未来零售业的实质，成本、效率和用户体验将进行重构，于是基于"零售即服务"（RAAS）的战略顶层设计，在知人、知货、知厂的基础上，通过技术去实现更大幅度的成本降低、效率提升和用户体验改善。

基于无界零售的顶层战略梳理清楚后，京东提出了 OTC 价值驱动模式，O（organization）即组织，T（talent）即人才，C（culture）即文化，通过"制胜未来——组织先行，战略落地——

人才先行，基业长青——文化先行"，将京东打造成为一个开放、赋能、共创的平台。

二、组织优化：持续关注客户、价值与生态

2017 年，京东集团调整为三大业务板块，即京东商城、京东金融、京东物流，如图 20-3 所示。

在 OTC 价值主张下，京东提出建立客户导向的网络型组织、建立价值契约的钻石型组织和建立竹林共生的生态型组织。

首先是建立客户导向的网络型组织，如图 20-4 所示。

从客户导向出发，通过搭建平台架构、开放任务市场，将组织内的管理关系从单一的垂直关系转变为有更多利益相关者加入的网状关系，每个员工周围都会有一张网，网络越密集，说明个体被需要的场景越多。

搭建平台架构是基于客户导向重新梳理内部职能分工，前台部门快速响应和满足客户个性化需求，中台通过组件化和模块化，解决共性需求、提炼和输出核心能力。开放任务市场是将客户需求从工作拆解为任务，鼓励员工自由组队，以任务团队身份承接并完成任务，获得评价和奖励。京东认为，客户导向的网络型组织需要具备授权前移、灵活组队和网状评价三个基本特征，配套建设授权赋能的管控机制、内部结算机制、网状评价的信息平台以及考核激励机制。

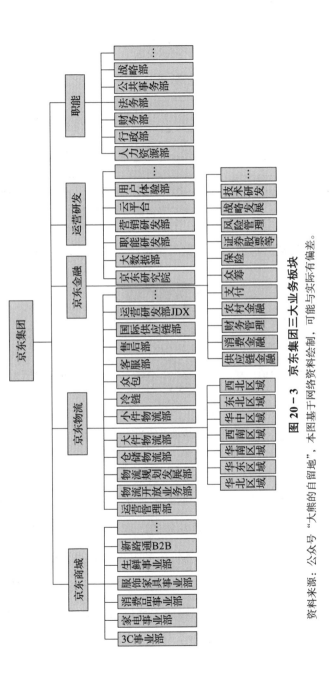

图 20－3　京东集团三大业务板块

资料来源：公众号 "大熊的自留地"，本图基于网络资料绘制，可能与实际有偏差。

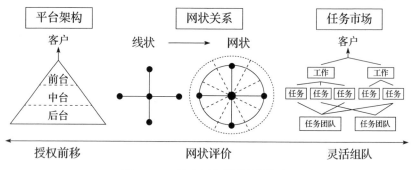

图 20 - 4　客户导向的网络型组织

其次是建立价值契约的钻石型组织，如图 20 - 5 所示。

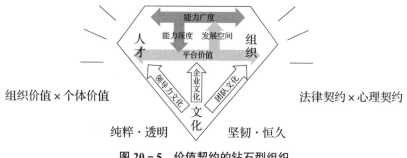

图 20 - 5　价值契约的钻石型组织

钻石型组织是通过塑造独特 DNA 文化，把具有共同价值观的人才吸引到同一个平台上，不断增加平台的价值，提供高速发展的空间，帮助人才拓展能力发展的广度和深度，从而建立兼顾法律契约和心理契约、共创个体价值和组织价值的价值契约型组织。

钻石型组织倡导通过组织价值和个体价值的共创，促进整体价值的放大与提升；从传统雇佣关系以法律方式约束，转向通过心理契约、价值认同关系把人才凝聚到一起。如同钻石"纯粹、透明、坚韧、持久"，京东希望自己成为值得人才信赖的组织，让人才有归属感。钻石需要不断打磨才能耀眼，京东也要像钻石一样成为一个持续进化的组织。

最后是竹林共生的生态型组织，如图 20 - 6 所示。

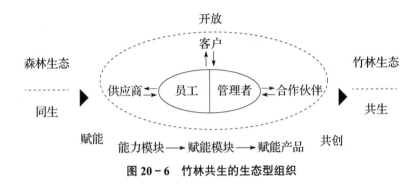

图 20 - 6　竹林共生的生态型组织

面对时代和行业趋势的挑战，仅靠组织内的资源是远远不够的，组织之间的共生共创尤为重要。森林生态强调个体的发展，是同生；竹林生态则是盘根错节、相互交织，更强调组织与个体、组织之间共同发展，是共生。共生具有开放、赋能、共创及包容性增长的特点，价值和影响远远超过同生。

通过打通组织内外部的连接，推动资源、能力和人才的开放和赋能，以及生态伙伴之间价值共创，实现极致提升客户体验的目的。

但问题在于，京东好的理念并没有落实到工作场景之中，很多管理者不知道顶层的组织设计理念应该如何扎根于现实场景之中。为了变革而变革是组织变革的大忌。

2018 年，京东进一步优化组织，打造更为灵活、敏捷的积木型组织，真正让三大事业群内部关联业务产生高度积木化的协同效应，实现以采销一体化为核心、以用户（客户）为核心、以场景为核心。同时，授权迁移，减少沟通成本，缩短决策周期，快速响应和满足客户个性化需求，"让一线听得见炮火声音的人来决策"，提升自下而上的创新意识。

|洞　见|

积木型组织

乐高积木有 3 200 块左右的标准化模块，通过统一的接口，能够拼装成任何造型。业务丰富的企业，其产品和服务也可以标准化为积木，通过统一的接口，拼接出客户需要的任何解决方案。

京东借助自身的营销、数据、技术、物流和金融资源，通过平台业务能力标准化，为前端团队和外部商家提供更多的赋能支持。

2018 年，京东继续优化京东商城组织结构，围绕以客户为中心，划分前中后台。

● 前台：指离客户最近，最理解和洞察客户需求和行为，最终实现和提升客户价值的职能，主要包括平台运营业务部、新通路事业部、拼购业务部、拍拍二手业务部、生鲜事业部。核心能力是对市场和客户行为深刻洞察，服务客户的产品创新和精细化运营。

● 中台：指为前台业务运营和创新提供专业能力的共享平台职

能，包括 3C 电子及消费品零售事业群、时尚居家平台事业群、生活服务事业群、技术与数据中台、用户体验设计部、商场市场部。核心能力是专业化、系统化、组件化和开放化。

●后台：指为整个商城提供基础设施建设、服务支持与风险管控的职能。包括 CEO 办公室、商城财务部、商城各业务部门 HRBP 团队等。核心能力是专业化、服务意识与能力。

三、文化变革：强化拼搏与感恩

京东的文化理念包括使命、发展理念、经营理念和核心价值观，共经历了四次大的变化。

2011 年，京东整个战略是成本运营和效率的提升，所以核心价值观里加入了杜绝浪费，然后将追求超越和激情合并，变为激情超越。

2012 年，京东在文化梳理的过程中达成了全员共识，优化了新的文化理念。

使命：让生活变得简单快乐。

愿景：成为全球最值得信赖的企业。

核心价值观：客户为先（消费者、供应商、卖家，感恩、服务、成就）；诚信（正直坦诚、勇于担当、信守诺言）；团队（以人为本、大局为重、互信合作）；创新（持续学习、不断改进、包容失败）；激情（只做第一、享受工作、永不放弃）。

由于全员达成了共识，此次文化理念落地比较顺利。

2018 年 3 月，京东发布新的核心价值观——T 型文化，如图 20－7 所示。

图 20－7　京东 T 型文化

- 正道成功是京东基业长青的价值信仰。
- 客户为先是京东一切工作的价值标准。
- 只做第一是京东持续引领的价值驱动。

2019 年，京东再次优化了文化理念。

使命：技术为本，致力于更高效和可持续的世界。

愿景：成为全球最值得信赖的企业。

核心价值观：客户为先、诚信、协作、感恩、拼搏、担当。

其中，感恩和拼搏是首次提出。

为了保障文化落地，京东还开发了价值观积分卡和行为规范"十四条铁律"。

价值观积分卡是京东各级管理者以 STAR 原则和京东价值观为工具，对符合价值观的优秀行为给予认可和激励的文化落地项目。其意义在于形成京东文化在员工行为层面的风向标，促进雇主品牌；提高管理层和员工对京东文化的参与度，提供文化层面的管理工具。

价值观积分卡的发放规则是：

● 由 M 序列和 P/T 序列带 M 级别的管理人员以季度为周期发卡，每季度可发 3 张卡，须在当季全部发完，未发完默认作废。

● 卡片在同一季度内不能重复发给同一员工（不同行为和事迹除外）；可发给本部门和协作部门的同级或下属，严禁发给上级。

● 特别突出的行为和事迹可向上级推荐，一个事例可被不同级别管理者授卡。

各级管理者单张积分卡对应的分值如表 20-1 所示。

表 20-1　各级管理者单张积分卡对应的分值

职级	M1	M2/M3	M4	M5	M6
分值（分）	100	300			

京东的价值观积分计划每季度统计/评比一次，与阿里巴巴双轨制考核不同，京东采取了另外的奖励措施。价值观积分卡可用于购买京东自营商品，且 1∶1 兑换现金。员工可以登录京东内网福利平台，在"福利商品"选项做出选择，将个人的积分兑换成东券，例如 80 积分兑换 80 元东券。

此外，京东价值观积分还可以享有多种机会和福利，如"红六月一线楷模""年度评优""季度文化之星"等。

为了引导日常行为规范，京东提出了"十四条铁律"：（1）价值观第一；（2）ABC 原则；（3）一拖二原则；（4）Backup；（5）No No No 原则；（6）七上八下；（7）九宫格淘汰；（8）两下两轮；（9）8150 原则；（10）24 小时原则；（11）会议三三原则；（12）内部沟通五原则；（13）考核铁人三项；（14）组织五开放。

四、人才：关注干部和管培生

建立竹林生态，需要在业务、人才和组织方面进行更多的交互和渗透。京东发起建立 TELink（Talent Eco Link）人才生态联盟，与生态伙伴携手，定向开放优势资源，相互赋能，共同建设生态伙伴之间人才共生共创的平台。

人才生态联盟中的成员可以贡献工作与培训经验，甚至可以进行员工轮岗，为生态伙伴赋能人力资源管理能力。

人才生态联盟主要从无界学习、无界成长、无界选人、无界用人四个维度来体现价值。

● 无界学习与无界成长：打造线上课程平台，汇聚各企业最优势在线课程，无界直播，无界学习，同时开展线下培训和联盟峰会，进行人才无界培养。

● 无界选人与无界用人：京东、联合利华、可口可乐、海尔、凤凰网等公司参与，打造行业招聘新体验，共享与共养人才，通过跨模块、跨领域的交换、交流，实现交替培养。

除了理念，京东在人才管理和培养方面也有值得学习的地方。例如，京东将人才分为以下五类。

● 废人：价值观匹配度低、能力低，要开除这类人。

● 废铁：价值观匹配度超过 70 分，但能力不行，采取培训 + 转岗方式，转岗两次仍不胜任，则脱岗培训，若还达不到要求，就辞退。

● 钢：价值观和能力都处于中等水平，60 ～ 90 分，属于企业的中坚力量。

● 金子：价值观和能力水平都非常高，金子和钢比例为 2∶8，要针对 20% 的金子额外投入资源和机会。

● 锈铁：价值观匹配度非常低，但能力很强，破坏力极强，必须即时清除。

针对干部，京东提出了"干部管理八项要求"：（1）以身作则；（2）沟通和协调；（3）公平公正；（4）全局观念；（5）敢作敢当；（6）勤勉尽责；（7）忠于团队；（8）执行到位。

京东人才培养体系包括干部培养体系和员工培养体系。

副总裁以上高管有到国内外一流商学院参加 EMBA 项目学习的机会，还可参加定制的特定目标的学习项目，例如"走入农村""硅谷之行"等。

针对总监级别的干部，举办 MBA 培训班，培养高潜力人才，同时以京东领导力模型为核心目标，提供阶段性管理技能提升的学习项目。针对新入职的高管，京东大学与人力资源部门合作提供"高管 90 天转身计划"。

针对中层及基层干部，主要开展角色转变及基本的团队管理思路和业务管理方面的培训，在脱岗培训的基础上实现"干中学，学中干"，掌握实用的管人、管业务的技能。

京东的员工培养体系有以下项目值得学习和借鉴。

• 京小东 30 天成长记：帮助新员工快速了解、融入京东大家庭的加速器。

• 品牌人才项目：前瞻性地储备具有京东基因和文化烙印的人才。

图 20‑8、图 20‑9 和图 20‑10 展示了京东员工培养体系。

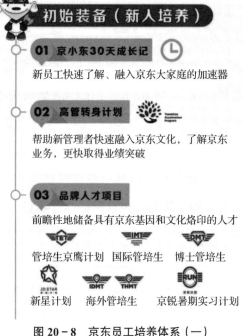

图 20‑8　京东员工培养体系（一）

资料来源：公众号"大熊的自留地"。

识别英雄技能（人才评估）

01 年度360评估

作为职场一面镜子，给予员工 360 度的客观反馈，助其改进提升

02 测评中心

提供关于技能经验、行为风格、动机价值观等维度的测评，帮助员工全面了解自我，辅助管理者更好了解团队

03 人才盘点

全方位识别人才，因才适用

04 人才管理系统

建立京东人才大数据，智能分析，精准决策

05 定制化人才项目

结合业务需求，量身打造人才评估和发展方案，保障人才供给

图 20 - 9　京东员工培养体系（二）

资料来源：公众号"大熊的自留地"。

配齐装备（培养手段）

通用装备

01 系统化的培训体系

🖊 领导力进阶　🖊 通用与专业力提升
🖊 京英在线学习平台

02 人才开放

员工在
同一岗位

1 年申请异动不受限 👤
3 年上级沟通帮推荐 👤
5 年助力调岗促发展 👤

03 两下两轮

➕ 两次支援下一线　➕ 两次轮岗多体验

04 个人发展计划

为每个京东人量身定制的发展计划

专属装备

05 HIPO培养项目

为高潜人才提供丰富的发展手段
促进高潜人才的持续绽放和能力提升

06 GPP-国际人才项目

国际化人才布局，助力京东全球化业务拓展

图 20-10　京东员工培养体系（三）

资料来源：公众号"大熊的自留地"。

五、机制：AB 股加强控制权

京东的薪酬体系和互联网巨头的薪酬体系没有太大区别，也是双通道的薪酬模式，如表 20 - 2 所示。

表 20 - 2　京东双通道薪酬体系

M 序列	职衔	T 序列	职衔
M5-3	CXO		
M5-2	SVP	T7/T8	资深专家 2
M5-1	VP	T6	资深专家 1
M4-3	高级总监	T5-3	专家 3
M4-2	总监	T5-2	专家 2
M4-1	副总监	T5-1	专家 1
M3	高级经理	T4-2	资深 2
M2-2	经理	T4-1	资深 1
M2-1	副经理	T3-2	高级 2
M1	主管	T3-1	高级 1
		T2-2	中级 2
		T2-1	中级 1
		T1-2	初级 2
		T1-1	初级 1

在治理方式上，京东采取的是 AB 股制度。

AB 股制度，也称双重股权结构，是指将公司的股票分高、低两种投票权。高投票权的股票每股有 2 ～ 10 股的投票权，主要由高级管理者持有；低投票权股票的投票权只占高投票权股票的

10% 或 1%，有的甚至没有投票权，由一般股东持有。

京东的普通股分为 A 类和 B 类两类，刘强东持有 B 类，每股拥有 20 票投票权；其他投资人持有 A 类，每股拥有 1 票投票权。

A 类股上市交易，B 类股不上市交易；A 类股在任何时候均不可以转换为 B 类股，B 类股可随时自由转换为 A 类股；B 类股转让给非联署人士（联署即直系或其控制的实体）时，自动转换成 A 类股。

当刘强东不再担任京东董事兼 CEO 或出现其他特定情况时，其持有的所有 B 类股将自动立即转换为等量的 A 类股。A 类股及 B 类股就所有呈交股东投票的事项一并投票。普通决议，简单多数通过即可；特殊决议，须 2/3 通过。

京东上市时的股权结构如图 20－11 所示。

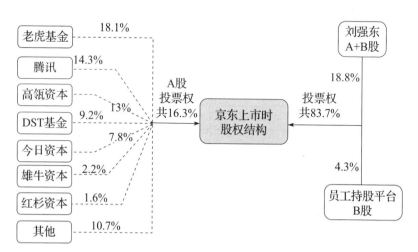

图 20－11　京东上市时的股权结构

以上是对京东 OD 历程的简单梳理，由于缺乏足够多的素材，本书只能借助公开信息，梳理一条主线。

同阿里巴巴一样，京东有自己独特的 OD 方法论。

六、大 OD：组织、人才和文化

所谓大 OD，就是京东整个企业的组织发展状况，是按照 OTC 价值驱动模型来解析的。

组织方面，京东提出了客户导向的网络型、价值契约的钻石型、竹林共生的生态型组织模式，同时探索了平台化组织的转型。

人才层面，京东提出 T 型理论人才结构，寻找专家型通才，打造跨界人才。同时通过人才生态联盟，打造共生、互生、再生的人才生态。

文化层面，提倡价值契约的钻石型组织，以文化作为核心支柱。"钻石"是由两个 T 型、三个支柱构成的。

● 两个 T 型：正 T 型代表人才能力的广度和深度，倒 T 型代表组织提供的平台价值和发展空间。

● 三个支柱：企业文化、领导力文化和团队文化。

除了大 OD，京东还有小 OD 方法论，即组织发展 3E 分析模型 + 组织诊断 2D 法，如图 20 - 12 所示。

● 组织效能：主要从组织绩效、人均效能以及组织健康度等方面对组织效能进行综合评估。

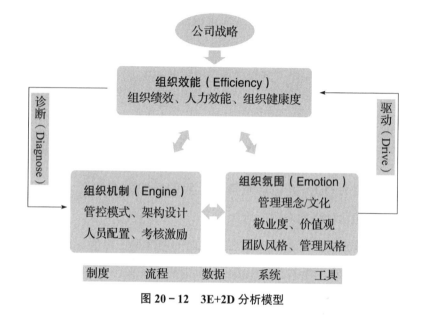

图 20 - 12   3E+2D 分析模型

● 组织机制：从管控模式、架构设计、人员配置和考核激励四个关键维度进行设计和问题诊断。

● 组织氛围：包括管理理念 / 文化、敬业度、价值观、管理风格等多个方面。

● 诊断：集团每两年会发起一次大规模的组织诊断项目，对整个组织进行系统性的现状和问题梳理，同时检验组织能力的提升情况。HR 日常会进行大量的 HRBI 分析，每月定期召开 HR 数据分析会，从海量数据中提取核心数据和问题点。主要利用三张表（绩效指数表、管理指数表、人才指数表）给管理者提供信息。每个业务单元也会根据自身情况，不定期开展相应的诊断。

● 驱动：通过诊断找到问题之后，最重要的工作就是驱动，HR 会辅助管理者针对诊断出的具体问题进行探讨，制定专项提升计划，就问题、目标和行动计划与管理者达成共识，并持续跟进，持续落实。

第 21 章

腾讯 OD：管体系、管人、管组织

华为的成功靠体系、靠模式、靠拼搏奋斗，阿里巴巴的成功靠战略洞察和运营铁律，腾讯的成功主要依靠它所坚持的产品主义。

在 20 多年的发展历程中，腾讯经历了多次变革。下面从战略、组织、文化、人才、机制层面看看有哪些值得学习和借鉴的地方。

一、业务发展：成就社交品牌

1998 年，马化腾创办腾讯，因为在润迅（当时深圳最大的寻呼公司）工作的经历，他一开始想打造网络寻呼系统。广东电信招标一个即时通信系统，90 多万元的现金流能够解决腾讯的生存问题，所以做了 QQ 的第一个版本，结果没有中标，最后只能自己经营 QQ 业务。

张志东作为腾讯五虎之一，在不断优化 QQ 的过程中打造了腾讯在国内首屈一指的技术服务。早期的 QQ 在基础服务方面看准了关键点：体验好、体积小、速度快、系统稳定、个性展示，抓住了第一批核心用户。

2000 年前后，互联网泡沫破灭，运营商移动 QQ 包月业务拯救了腾讯，也为腾讯自寻增值业务埋下了伏笔。2003 年腾讯推出互联网增值服务，随后进军网游市场，发力媒体和广告业务、Web2.0、搜索、电子商务。2005 年，腾讯进行组织架构 BU（业务系统）化变革。2006 年，形成无线业务、互联网增值业务、游戏、媒体等。

2009 年腾讯开始将所有产品无线化；2011 年推出"微信"；2012 年开始全 BU 无线化，进行电商布局，大量投资新兴领域；2014 年开始专注核心业务，慢慢走向开放，构建产业生态。

从腾讯的整体业务发展来看，其底层逻辑还是"基于连接"的战略。

- 商业根基：QQ、微信。
- 造血业务：游戏、广告、媒体、支付、音乐、地图等。
- 合作业务：内容、搜索、O2O 电商、打车、房地产、旅游。
- 创新孵化：应用宝、广点通、腾讯云、微信公众平台等。

二、组织变革：四次调整打造赋能平台

2005 年以前，腾讯采用的是职能式组织架构，主要分为技术、研发、市场等基础架构部门，另外设立行政、人力资源、审计、信息等职能部门，如图 21－1 所示。

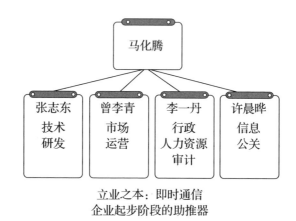

立业之本：即时通信
企业起步阶段的助推器

图 21－1 腾讯职能式架构

当时腾讯规模较小，只有一个核心产品 QQ，管理简单，职能式架构可以发挥最优作用。随着腾讯发展壮大，业务多元化拓展，职能式架构出现了很大的问题。2005 年，腾讯多元化布局完成，如图 21－2 所示。其旗下的无线业务、互联网增值业务、游戏和媒体业务很难协调。

随着员工增至近 2 000 人，业务部门发展为 30 多个，内部运营成本攀升，决策复杂，层次较多，关系不清晰，各个部门之间合作少、竞争多，问题较为突出，而且人才储备不足。为解决职

能式架构带来的管理混乱，腾讯开始了第一次大规模组织变革：
BU 化，如图 21 - 3 所示。

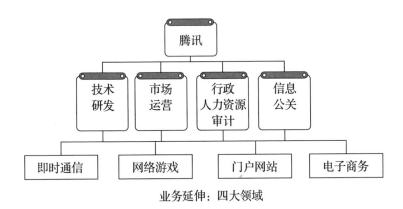

业务延伸：四大领域

图 21 - 2　腾讯多业务职能式架构

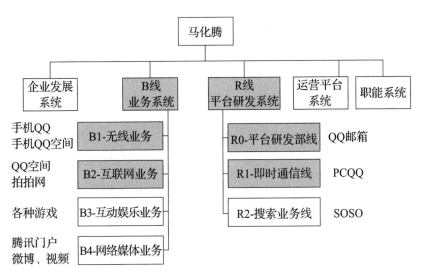

图 21 - 3　腾讯 BU 化组织变革

这次组织变革，腾讯的总体架构分为企业发展系统、运营平台系统、职能系统以及 B 线业务系统和 R 线平台研发系统。B 线和 R 线下设不同的业务单元，业务发展较为独立。

在这样的架构下，腾讯形成了双重分工系统，横向是业务分工，纵向则是决策分工。从横向看，业务系统可以看作生产线，主要承担一线营收职能，其他系统为其提供支持和指引。从纵向看，组织层级又分为系统—部—组三层体系，组织扁平化，提高了决策效率，每个业务单元可以快速响应环境变化。

在重点转移的过程中，组织的内耗非常严重，公司各部门开始各种竞争，需要共同推进的事项配合不力，不同部门的 KPI 差异也很大，很多事情需要高层协调，用户体验却没有人负责。

不合理的业务单元划分严重制约了腾讯的发展，导致很多产品功能无法快速上线，也无法适应移动互联时代的竞争。

截至 2011 年，腾讯营收将近 300 亿元，净利润超过 100 亿元，员工人数从 2 000 人扩张到 20 000 人，业务单元从 30 个变为 100 个，员工积极性下降，"富二代"心态滋生，组织效率低下，内部业务交叉导致资源浪费、竞争激烈，互相推诿扯皮。

2012 年，马化腾提出这样的疑问："当团队规模变大后，很容易滋生出一些大企业病，我们如何能够克服大企业病，打造一个世界级的互联网企业？"为了便于公司相关业务的协调，减少部门间相互扯皮和恶性竞争，腾讯进行了第二次组织架构调整，如

图 21 - 4 所示。此举有助于更好地满足用户的新需求，应对新技术、新业务模式层出不穷的挑战。

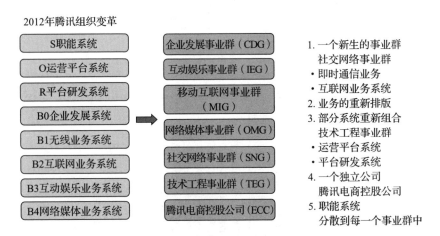

图 21 - 4 腾讯第二次组织架构调整

升级后的事业群明确区分了各自业务，明确了方向和目标，同时提出了打造开放平台、对外开放的策略。

调整后，腾讯从原来以产品为导向的业务系统升级为事业群制，如图 21 - 5 所示，把业务重新划分为企业发展事业群（CDG）、互动娱乐事业群（IEG）、移动互联网事业群（MIG）、网络媒体事业群（OMG）、社交网络事业群（SNG），整合原有的研发和运营平台，成立新的技术工程事业群（TEG），后续又将微信独立，成立了微信事业群（WXG）。

腾讯将业务系统全面升级为事业群，合并了很多业务单元，两

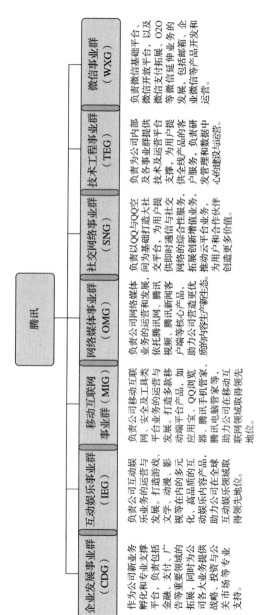

图 21-5 腾讯事业群制

批人变成一家人，有同样的业务指标，不再是相互竞争关系。成立事业群是一个分权的过程，事业群的负责人将有更多的话语权，有更多的自主空间，可以灵活响应外部环境的快速变化，同时释放高层的价值，让高层能够真正思考推动整体发展的事情。

马化腾在给员工的信里对第二次架构调整做了说明："这次调整的基本出发点是按照各个业务的属性，形成一系列更专注的事业群，减少不必要的重叠，在事业群内能充分发挥'小公司'的作用，深刻理解并快速响应用户需求，打造优秀的产品和用户平台，并为同事们提供更好的成长机会；同时，各事业群之间可以共享基础服务平台，创造对用户有价值的整合服务，力求在一个腾讯的大平台上充分发挥整合优势。"

2018 年 9 月 30 日，腾讯再次对组织架构进行调整，将原有的七大事业群调整为六个，如图 21 - 6 所示，保留原有的企业发展事业群（CDG）、互动娱乐事业群（IEG）、技术工程事业群（TEG）、微信事业群（WXG），新成立云与智慧产业事业群（CSIG）、平台与内容事业群（PCG）。

云与智慧产业事业群（CSIG）主要整合包括腾讯云、智慧零售、安全产品、腾讯地图、优图等核心产品线，以及医疗、医疗、教育、交通、LBS 等行业解决方案，相对而言更加 to B，面向产业。平台与内容事业群（PCG）主要包括 QQ、QQ 空间、浏览器、网络文学影音、腾讯视频、腾讯体育、腾讯影业、腾讯新闻、天天快报等内容业务。

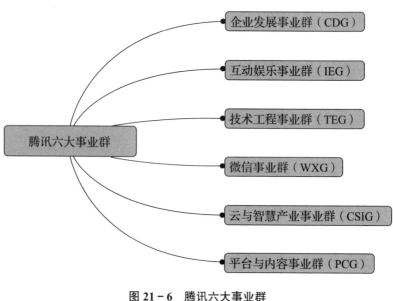

图 21 - 6　腾讯六大事业群

撤销移动互联网事业群（MIG）、社交网络事业群（SNG）、网络媒体事业群（OMG）三大事业群，将原有业务分拆进现在的六大业务群。对原有互动娱乐事业群（IEG）进行剥离，只保留游戏业务。

2019 年 1 月 4 日，腾讯成立技术委员会，以协调内部创新，提高技术资源利用效率，鼓励技术研发文化，如图 21 - 7 所示。

腾讯技术委员会的定位是"通过内部分布式开源协同，加强基础研发，打造具有腾讯特色的技术中台等一系列措施，促成更

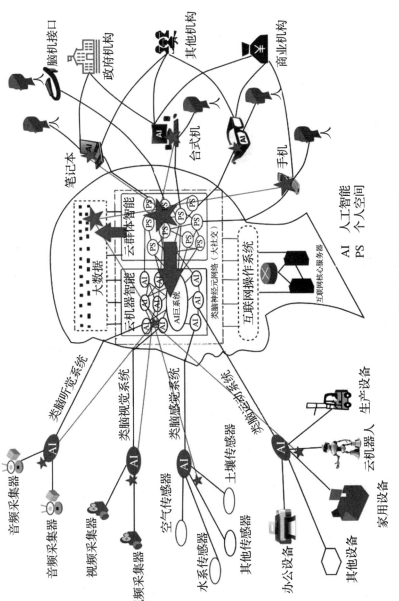

图 21 - 7　2019 年腾讯组织架构重要变革

多协作与创新，提高公司的技术资源利用效率，在公司内鼓励良好的技术研发文化，让科技成为公司业务发展和产品创新的动力与支撑"。腾讯高级执行副总裁、技术工程事业群总裁卢山，腾讯高级执行副总裁、云与智慧产业事业群总裁汤道生，几大事业群的技术负责人进入技术委员会决策圈。

技术委员会下设"开源协同"和"自研上云"项目组，计划在未来发力内部代码的开源和协同，并推动业务在云上全面整合。

从腾讯的组织变革历程不难发现，腾讯能够洞察先机，调整组织架构，主要得益于以下三个方面：

- 对外部环境的判断能力；
- 组织的领导能力和决策能力；
- 组织内部和外部环境的协调能力。

三、文化：不断变革，科技向善

2003 年，腾讯第一次发布公司使命与愿景。

使命：用户依赖的朋友、快乐活力的大学、领先的市场定位、值得尊重的合作伙伴、稳定和合理的利润

愿景：创一流的互联网企业

2005 年，腾讯发布第二个版本使命与愿景。

使命：通过互联网服务提升人类生活品质

● 使产品和服务像水和电一样源源不断融入人们的生活，为人们带来便捷和愉悦；

● 关注不同地域、不同群体，并针对不同对象提供差异化的产品和服务；

● 打造开放共赢平台，与合作伙伴共同营造健康的互联网生态环境。

愿景：最受尊敬的互联网企业

● 不断倾听和满足用户需求，引导并超越用户需求，赢得用户尊敬；

● 通过提升企业地位与品牌形象，使员工有高度的企业荣誉感和自豪感，赢得员工尊敬；

● 推动互联网行业的健康发展，与合作伙伴共同成长，赢得行业尊敬；

● 注重企业责任，关爱社会，回馈社会，赢得社会尊敬。

核心价值观：正直、进取、合作、创新

● 正直：

　■ 遵守国家法律与公司制度，决不触犯企业高压线；

　■ 做人德为先，坚持公正、诚实、守信等为人处世的重要原则；

　■ 用正直的力量对周围产生积极的影响。

● 进取

　■ 尽职尽责，高效执行；

- 勇于承担责任，主动迎接新的任务和挑战；

- 保持好奇心，不断学习，追求卓越。

- 合作：

  - 具有开放共赢心态，与合作伙伴共享行业成长；

  - 具备大局观，能够与其他团队相互配合，共同达成目标；

  - 乐于分享专业知识与工作经验，与同事共同成长。

- 创新：

  - 创新的目的是为用户创造价值；

  - 人人皆可创新，事事皆可创新；

  - 敢于突破，勇于尝试，不惧失败，善于总结。

经营理念：一切以用户价值为依归

管理理念：关心员工成长

为了让价值观深入人心，腾讯还将价值观同动物融合在了一起：正直——长颈鹿；进取——海燕；合作——犀牛和犀牛鸟；创新——鹦鹉螺。

2019 年 11 月 11 日，腾讯发布了新的愿景与使命。

愿景使命：用户为本，科技向善

- 一切以用户价值为依归，将社会责任融入产品及服务之中；

- 推动科技创新与文化传承，助力各行各业升级，促进社会的可持续发展。

管理理念：关心员工成长，努力为每一位员工创造更丰厚的物质保障、更广阔的发展空间、更丰富的精神文化世界

- 为员工提供良好的工作环境和激励机制；

- 完善员工培养体系和职业发展通道，让员工与企业同步成长；

- 充分尊重和信任员工，不断引导和鼓励，帮助其获得成就并分享喜悦。

经营理念：一切以用户价值为依归

价值观：正直、进取、协作、创造

- 正直：坚守底线、以德为先，坦诚公正不唯上；

- 进取：无功便是过，勇于突破有担当；

- 协作：开放协同，持续进化；

- 创造：超越创新，探索未来。

四、人才：让人才脱颖而出

马化腾直言腾讯的最大挑战就是人才奇缺，因此在培养和招揽人才上不遗余力。

腾讯的人才管理主要有四大理念与三大核心方法。

1. 四大理念

指关心员工成长、强化执行能力、追求高效和谐、平衡激励约束。

316 / 解码 OD

2. 三大核心方法

● 培养员工：腾讯是以产品为主的公司，特别看重员工的产品思维能力、创新能力、策划能力、运营能力和客户意识等，因此会根据人才的不同发展阶段配套相应能力培养计划。

腾讯的基层干部后备计划叫"潜龙计划"，中层干部后备计划叫"飞龙计划"，高层后备干部也有专门的培养计划。每年年底，腾讯会做全体干部的盘点，制定改进计划，比如"新攀登计划"就是针对专业技术人员晋升专家的后备培养计划，与管理人才培养形成双通道。

● 调动员工激情：腾讯主要通过机制保障来调动员工积极性。

一是组织架构的创新。为激发员工的战斗力，公司率先在游戏事业部采取工作室模式，每个工作室都有用人权、考核权、财务权、激励权以及追求资源权，工作室就像一个个小公司，这种模式让员工每天都有创新激情。

二是人才活水计划。只要员工本人提出转岗，又有内部单位接收，其所在单位必须在三个月之内无条件放人。"人才活水"政策在整个公司内盘活人才，通过内部人才的自由流动实现人尽其才。

● 善用文化的力量：腾讯特别重视文化对于人才的吸引和牵引作用。腾讯的文化衫、腾讯内部的吐槽平台乐问，都是文化的有力载体。

在腾讯 OD 体系里，管人的目的主要是让人才脱颖而出，其中重点关注五大方面。

● 关注 top 5% 的核心人才：腾讯坚持在全球范围内寻找学术界、工业界的顶尖人才，与他们建立连接。通过校招，每年从全球范围引进近 2 000 名最顶尖的毕业生入职。腾讯筛选标准极为严格，录用率仅 3%。

● 推动人才快速流动：腾讯通过制度规定（将轮岗规定从"需要上级经理同意"改为"只要对方接收，不需要上级经理同意"），给员工选择权，让员工自己做主。微信团队引进的人才 60% 都来自内部。

● 通过测评让核心人才了解自己：运用各种测评技术，让核心人才认知自己。使用贝尔宾团队角色测评、DISC、大五人格、卡特尔 16PF、全脑测评等技术，可对核心人才方便快捷地发起测评、形成建议。

● 承认禀赋差异，发挥长处，重在组合：通过测评、自我认知找到员工的特质、优势项、兴趣点，通过团队的组合来弥补个人的短板。比如实行班委制，一个年轻的领导班子由懂技术、长运营、善管理的几个人组成，相互配合，取长补短，共同成长。

● 教练式个性化辅导，发展核心员工：通过大量教练技术的应用，让核心人才能够自我发展、扬长避短。

腾讯还有自己独特的帝企鹅模型来对标选择优秀人才。以干部帝企鹅模型为例（如图 21 - 8 所示），一共有六个维度，即正直的心、激情、好学、开放、培养人才、创造用户价值。每一个维度下面都有相应要素，用于干部选拔、发展以及考核。

图 21 - 8 干部帝企鹅模型

对于专业人才，主要从绩效、专业经验、通用能力、专业技能、专业知识、组织影响力等维度来评判是否优秀，其帝企鹅模型如图 21 - 9 所示。

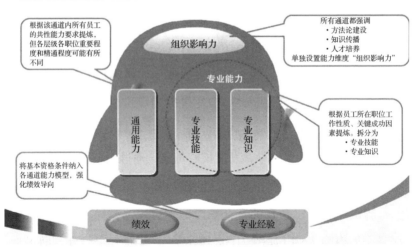

图 21 - 9 专业人才帝企鹅模型

五、机制：给员工更多发展空间

腾讯的激励和评价机制与其他互联网巨头没有明显的差异，这里简单介绍管理与专业两条发展通道。

- 管理通道主要针对基层管理者、中层管理者和高层管理者。
- 技术通道主要针对骨干、专家／资深专家、权威。

依据员工职业发展体系，腾讯建立了完备的培养体系，加速员工成长，如图 21－10 所示。

腾讯另一个值得称道的机制就是"福利扑克"，54 张牌，每一张代表一种福利，王牌就是传说中的"10 亿安居计划"，此外，还有家属开放日、30 天全薪病假、15 天半薪事假、中医问诊、各种保险、各种节日礼包、各种协会等，涵盖了员工工作和生活的各个层面，这些项目在腾讯内部专门的福利网站上被归为三大块：财富、健康、生活，由不同的小组负责。

腾讯在人力资源管理体系上经历了"引进外脑""系统化定制化""做减法，探索未来"三个发展阶段。腾讯 HR3.0 管理体系的特点主要是生态化、产品化和数字化，如图 21－11 所示。

以生态化、产品化、数字化为导向，腾讯构建了整体的人才管理模型，如图 21－12 所示。

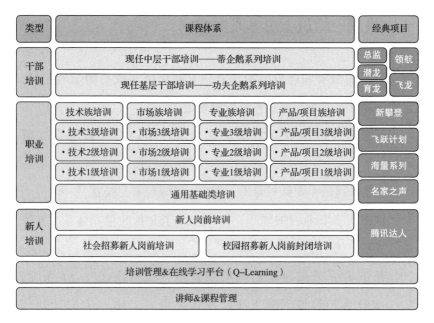

图 21 – 10 腾讯培养体系

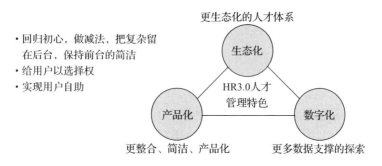

图 21 – 11 腾讯 HR3.0 人才管理特色

1.规划

1.1人才管理策略
1.2人才盘点

- 公司组织及人才盘点
- BG组织及人才盘点
- 年度360评估
- 敬业度满意度调研
- 职位体系
- 帝企鹅能力模型

2.招聘

2.1招聘策略
2.2招聘项目
2.3招聘实施
2.4 offer管理
2.5入职管理

- 雇主品牌
- 校招
- 社招
- 猎聘
- 伯乐

3.队伍与绩效

3.1绩效管理
3.2人才队伍管理（融入管理、保留与动力审计、内部流动、离职管理）

- 中干加油站
- 基干能上能下
- 中干晋升
- 基干晋升
- 发文
- 新任中干融入
- 中干离职管理

- 组织绩效
- 中干绩效
- 基干绩效

4.发展

4.1培训项目设计
4.2发展领导者
4.3领导人才识别与安置
4.4培养项目实施

- 潜龙
- 飞龙
- 领航
- 新锐领军
- 新任基干
- 领导力培养

5.激励与保留

5.1薪酬管理
5.2长期激励

- 中长期激励
- 弹性福利
- TT123梯队

- ER
- OD
- 招聘
- 薪酬
- 学院

图 21-12　腾讯整体人才管理模型

　　腾讯创业至今，最大的财富就是人才，所以在其 OD 中，除了体系和组织就是人才。前面简单介绍了业务、组织、文化、人才和机制方面的一些做法，最后介绍体系方面的做法。

　　为了让体系更敏捷更有效，腾讯在四个方面下功夫。

　　● 公司层面建框架：出台全公司统一的制度、政策。

　　● 业务单元个性化：出政策、建体系时，向各业务部门、各群体授权，结合实际进行个性化定制。

　　● 重视体系建设多于评估：管体系要重视发展体系的建设，甚于评估。

　　● 新技术代替旧管理：关注新技术在管理上的应用，例如通过社交数据快速识别应聘者兴趣，精准甄选；高频的实时反馈系统代替绩效体系；进行海量的数据分析，预测员工的行为。

　　以上就是腾讯在 OD 层面所做的一些变革，以及各个维度上值得大家关注的地方。因为信息有限，本书无法穷尽华为、阿里巴巴、京东和腾讯所有有价值的要素，但是这些公司的 OD 方式各有特色，会让读者对 OD 系统有更加深入的了解，在实践中学以致用，成为更好的 ODer。

图书在版编目（CIP）数据

解码 OD：组织成长的底层逻辑与创新实践 / 张小峰，
吴婷婷著. -- 北京：中国人民大学出版社，2021.7
ISBN 978-7-300-29383-7

Ⅰ. ①解… Ⅱ. ①张… ②吴… Ⅲ. ①企业成长－研
究 Ⅳ. ① F271

中国版本图书馆 CIP 数据核字（2021）第 086626 号

解码 OD
——组织成长的底层逻辑与创新实践
张小峰　吴婷婷　著
Jiema OD——Zuzhi Chengzhang de Diceng Luoji yu Chuangxin Shijian

出版发行	中国人民大学出版社			
社　　址	北京中关村大街 31 号		**邮政编码**	100080
电　　话	010 - 62511242（总编室）		010 - 62511770（质管部）	
	010 - 82501766（邮购部）		010 - 62514148（门市部）	
	010 - 62515195（发行公司）		010 - 62515275（盗版举报）	
网　　址	http://www.crup.com.cn			
经　　销	新华书店			
印　　刷	北京联兴盛业印刷股份有限公司			
规　　格	148 mm×210 mm　32 开本		**版　　次**	2021 年 7 月第 1 版
印　　张	10.75 插页 2		**印　　次**	2025 年 5 月第 5 次印刷
字　　数	203 000		**定　　价**	69.00 元

版权所有　侵权必究　　印装差错　负责调换